edition suhrkamp

Redaktion: Günther Busch

Bertolt Brecht, geboren am 10. Februar 1898 in Augsburg, starb am 14. August 1956 in Berlin. *Mutter Courage und ihre Kinder,* eine Chronik aus dem Dreißigjährigen Krieg, wurde in Skandinavien vor dem Ausbruch des Zweiten Weltkrieges geschrieben (1938/39) und am 19. April 1941 am Schauspielhaus Zürich uraufgeführt.

»Was eine Aufführung von *Mutter Courage*«, schrieb Brecht einmal, »hauptsächlich zeigen soll: Daß die großen Geschäfte in den Kriegen nicht von den kleinen Leuten gemacht werden. Daß der Krieg, der eine Fortführung der Geschäfte mit anderen Mitteln ist, die menschlichen Tugenden tödlich macht, auch für ihre Besitzer. Daß er darum bekämpft werden muß.«

»*Mutter Courage* ist Brechts Meisterwerk. Es ist wirklich das ›politische‹ Drama, in einem absoluten Sinn verstanden, wie Schillers oder Grillparzers Drama: es ist im Grunde schon heute ein klassisches Drama.« *Willy Haas*

Bertolt Brecht
Mutter Courage und ihre Kinder

Eine Chronik aus dem Dreißigjährigen Krieg

Suhrkamp Verlag

Geschrieben 1938/39
Mitarbeiterin: Margarete Steffin
Musik: Paul Dessau

edition suhrkamp 49
Erste Auflage 1963
Copyright 1949 by Suhrkamp Verlag Berlin. Printed in Germany. Unser Text
folgt der Einzelausgabe *Mutter Courage und ihre Kinder*, Frankfurt am Main
1963. Alle Rechte vorbehalten, insbesondere das der Übersetzung, des öffent-
lichen Vortrags, des Rundfunkvortrags sowie der Verfilmung, auch einzelner
Abschnitte. Das Recht der Aufführung ist nur vom Suhrkamp Verlag in Frankfurt am Main zu erwerben; den Bühnen und Vereinen gegenüber als Manuskript
gedruckt. Satz in Linotype Garamond bei Georg Wagner, Nördlingen. Druck
und Bindung bei Ebner Ulm. Gesamtausstattung Willy Fleckhaus.

43 – 87 86 85

Mutter Courage und ihre Kinder

Mutter Courage – Kattrin, ihre stumme Tochter – Eilif, der ältere Sohn – Schweizerkas, der jüngere Sohn – Der Werber – Der Feldwebel – Der Koch – Der Feldhauptmann – Der Feldprediger – Der Zeugmeister – Yvette Pottier – Der mit der Binde – Ein anderer Feldwebel – Der alte Obrist – Ein Schreiber – Ein junger Soldat – Ein älterer Soldat – Ein Bauer – Die Bauersfrau – Der junge Mann Die alte Frau – Ein anderer Bauer – Die Bäuerin – Ein junger Bauer – Der Fähnrich – Soldaten – Eine Stimme

I

Landstraße in Stadtnähe

Ein Feldwebel und ein Werber stehen frierend.

DER WERBER Wie soll man sich hier eine Mannschaft zusammenlesen? Feldwebel, ich denk schon mitunter an Selbstmord. Bis zum Zwölften soll ich dem Feldhauptmann vier Fähnlein hinstelln, und die Leut hier herum sind so voll Bosheit, daß ich keine Nacht mehr schlaf. Hab ich endlich einen aufgetrieben und schon durch die Finger gesehn und mich nix wissen gemacht, daß er eine Hühnerbrust hat und Krampfadern, ich hab ihn glücklich besoffen, er hat schon unterschrieben, ich zahl nur noch den Schnaps, er tritt aus, ich hinterher zur Tür, weil mir was schwant: Richtig, weg ist er, wie die Laus unterm Kratzen. Da gibts kein Manneswort, kein Treu und Glauben, kein Ehrgefühl. Ich hab hier mein Vertrauen in die Menschheit verloren, Feldwebel.

DER FELDWEBEL Man merkts, hier ist zu lang kein Krieg gewesen. Wo soll da Moral herkommen, frag ich? Frieden, das ist nur Schlamperei, erst der Krieg schafft Ordnung. Die Menschheit schießt ins Kraut im Frieden. Mit Mensch und Vieh wird herumgesaut, als wärs gar nix. Jeder frißt, was er will, einen Ranken Käs auls Weißbrot und dann noch eine Scheibe Speck auf den Käs. Wie viele junge Leut und gute Gäul diese Stadt da vorn hat, weiß kein Mensch, es ist niemals gezählt worden.

Ich bin in Gegenden gekommen, wo kein Krieg war vielleicht siebzig Jahr, da hatten die Leut überhaupt noch keine Namen, die kannten sich selber nicht. Nur wo Krieg ist, gibts ordentliche Listen und Registraturen, kommt das Schuhzeug in Ballen und das Korn in Säck, wird Mensch und Vieh sauber gezählt und weggebracht, weil man eben weiß: Ohne Ordnung kein Krieg!

DER WERBER Wie richtig das ist!

DER FELDWEBEL Wie alles Gute ist auch der Krieg am Anfang halt schwer zu machen. Wenn er dann erst floriert, ist er auch zäh; dann schrecken die Leut zurück vorm Frieden, wie die Würfler vorm Aufhören, weil dann müssens zählen, was sie verloren haben. Aber zuerst schreckens zurück vorm Krieg. Er ist ihnen was Neues.

DER WERBER Du, da kommt ein Planwagen. Zwei Weiber und zwei junge Burschen. Halt die Alte auf, Feldwebel. Wenn das wieder nix ist, stell ich mich nicht weiter in den Aprilwind hin, das sag ich dir.

Man hört eine Maultrommel. Von zwei jungen Burschen gezogen, rollt ein Planwagen heran. Auf ihm sitzen Mutter Courage und ihre stumme Tochter Kattrin.

MUTTER COURAGE Guten Morgen, Herr Feldwebel!

DER FELDWEBEL *sich in den Weg stellend:* Guten Morgen, ihr Leut! Wer seid ihr?

MUTTER COURAGE Geschäftsleut.

Singt:

Ihr Hauptleut, laßt die Trommel ruhen
Und laßt eur Fußvolk halten an:
Mutter Courage, die kommt mit Schuhen
In denens besser laufen kann.
Mit seinen Läusen und Getieren
Bagage, Kanone und Gespann –

Soll es euch in die Schlacht marschieren
So will es gute Schuhe han.
    Das Frühjahr kommt. Wach auf, du Christ!
    Der Schnee schmilzt weg. Die Toten ruhn.
    Und was noch nicht gestorben ist
    Das macht sich auf die Socken nun.

Ihr Hauptleut, eure Leut marschieren
Euch ohne Wurst nicht in den Tod.
Laßt die Courage sie erst kurieren
Mit Wein von Leibs- und Geistesnot.
Kanonen auf die leeren Mägen
Ihr Hauptleut, das ist nicht gesund.
Doch sind sie satt, habt meinen Segen
Und führt sie in den Höllenschlund.
    Das Frühjahr kommt. Wach auf, du Christ!
    Der Schnee schmilzt weg. Die Toten ruhn.
    Und was noch nicht gestorben ist
    Das macht sich auf die Socken nun.

DER FELDWEBEL Halt, wohin gehört ihr, Bagage?

DER ÄLTERE SOHN Zweites Finnisches Regiment.

DER FELDWEBEL Wo sind eure Papiere?

MUTTER COURAGE Papiere?

DER JÜNGERE SOHN Das ist doch die Mutter Courage!

DER FELDWEBEL Nie von gehört. Warum heißt sie Courage?

MUTTER COURAGE Courage heiß ich, weil ich den Ruin gefürchtet hab, Feldwebel, und bin durch das Geschützfeuer von Riga gefahrn mit fünfzig Brotlaib im Wagen. Sie waren schon angeschimmelt, es war höchste Zeit, ich hab keine Wahl gehabt.

DER FELDWEBEL Keine Witze, du. Wo sind die Papiere!

MUTTER COURAGE *aus einer Zinnbüchse einen Haufen*

Papiere kramend und herunterkletternd: Das sind alle meine Papiere, Feldwebel. Da ist ein ganzes Meßbuch dabei, aus Altötting, zum Einschlagen von Gurken, und eine Landkarte von Mähren, weiß Gott, ob ich da je hinkomm, sonst ist sie für die Katz, und hier stehts besiegelt, daß mein Schimmel nicht die Maul- und Klauenseuch hat, leider ist er uns umgestanden, er hat fünfzehn Gulden gekostet, aber nicht mich, Gott sei Dank. Ist das genug Papier?

DER FELDWEBEL Willst du mich auf den Arm nehmen? Ich werd dir deine Frechheit austreiben. Du weißt, daß du eine Lizenz haben mußt.

MUTTER COURAGE Reden Sie anständig mit mir und erzählen Sie nicht meinen halbwüchsigen Kindern, daß ich Sie auf den Arm nehmen will, das gehört sich nicht, ich hab nix mit Ihnen. Meine Lizenz beim Zweiten Regiment ist mein anständiges Gesicht, und wenn Sie es nicht lesen können, kann ich nicht helfen. Einen Stempel laß ich mir nicht draufsetzen.

DER WERBER Feldwebel, ich spür einen unbotmäßigen Geist heraus bei der Person. Im Lager da brauchen wir Zucht.

MUTTER COURAGE Ich dacht Würst.

DER FELDWEBEL Name.

MUTTER COURAGE Anna Fierling.

DER FELDWEBEL Also dann heißt ihr alle Fierling?

MUTTER COURAGE Wieso? Ich heiß Fierling. Die nicht.

DER FELDWEBEL Ich denk, das sind alles Kinder von dir?

MUTTER COURAGE Sind auch, aber heißen sie deshalb alle gleich? *Auf den älteren Sohn deutend:* Der zum Beispiel heißt Eilif Nojocki, warum, sein Vater hat immer behauptet, er heißt Kojocki oder Mojocki. Der Junge hat ihn noch gut im Gedächtnis, nur, das war ein anderer, den er im Gedächtnis hat, ein Franzos mit einem Spitzbart. Aber sonst hat er vom Vater die Intelligenz geerbt; der konnt einem Bauern die Hos vom Hintern wegziehen, ohne daß der was gemerkt hat. Und so hat eben jedes von uns seinen Namen.

DER FELDWEBEL Was, jedes einen anderen?

MUTTER COURAGE Sie tun grad, als ob Sie das nicht kennten.

DER FELDWEBEL Dann ist der wohl ein Chineser? *Auf den Jüngeren deutend.*

MUTTER COURAGE Falsch geraten. Ein Schweizer.

DER FELDWEBEL Nach dem Franzosen?

MUTTER COURAGE Nach was für einem Franzosen? Ich weiß von keinem Franzosen. Bringen Sies nicht durcheinander, sonst stehn wir am Abend noch da. Ein Schweizer, heißt aber Fejos, ein Name, der nix mit seinem Vater zu tun hat. Der hieß ganz anders und war Festungsbaumeister, nur versoffen.

Schweizerkas nickt strahlend, und auch die stumme Kattrin amüsiert sich.

DER FELDWEBEL Wie kann er da Fejos heißen?

MUTTER COURAGE Ich will Sie nicht beleidigen, aber Phantasie haben Sie nicht viel. Er heißt natürlich Fejos, weil, als er kam, war ich mit einem Ungarn, dem wars gleich, er hatte schon den Nierenschwund, obwohl er nie einen Tropfen angerührt hat, ein sehr redlicher Mensch. Der Junge ist nach ihm geraten.

DER FELDWEBEL Aber er war doch gar nicht der Vater?

MUTTER COURAGE Aber nach ihm ist er geraten. Ich heiß ihn Schweizerkas, warum, er ist gut im Wagenziehen. *Auf ihre Tochter deutend:* Die heißt Kattrin Haupt, eine halbe Deutsche.

DER FELDWEBEL Eine nette Familie, muß ich sagen.

MUTTER COURAGE Ja, ich bin durch die ganze Welt gekommen mit meinem Planwagen.

DER FELDWEBEL Das wird alles aufgeschrieben. *Er schreibt*

auf. Du bist aus Bamberg in Bayern, wie kommst du hierher?

MUTTER COURAGE Ich kann nicht warten, bis der Krieg gefälligst nach Bamberg kommt.

DER WERBER Ihr solltet lieber Jakob Ochs und Esau Ochs heißen, weil ihr doch den Wagen zieht. Aus dem Gespann kommt ihr wohl nie heraus?

EILIF Mutter, darf ich ihm aufs Maul hauen? Ich möcht gern.

MUTTER COURAGE Und ich untersags dir, du bleibst stehn. Und jetzt, meine Herren Offizier, brauchens nicht eine gute Pistolen oder eine Schnall, die Ihre ist schon abgewetzt, Herr Feldwebel.

DER FELDWEBEL Ich brauch was andres. Ich seh, die Burschen sind wie die Birken gewachsen, runde Brustkästen, stämmige Haxen: warum drückt sich das vom Heeresdienst, möcht ich wissen?

MUTTER COURAGE *schnell:* Nicht zu machen, Feldwebel. Meine Kinder sind nicht für das Kriegshandwerk.

DER WERBER Aber warum nicht? Das bringt Gewinn und bringt Ruhm. Stiefelverramschen ist Weibersache. *Zu Eilif:* Tritt einmal vor, laß dich anfühlen, ob du Muskeln hast oder ein Hühnchen bist.

MUTTER COURAGE Ein Hühnchen ist er. Wenn einer ihn streng anschaut, möcht er umfallen.

DER WERBER Und ein Kalb dabei erschlagen, wenn eins neben ihm stünd. *Er will ihn wegführen.*

MUTTER COURAGE Willst du ihn wohl in Ruhe lassen? Der ist nix für euch.

DER WERBER Er hat mich grob beleidigt und von meinem Mund als einem Maul geredet. Wir zwei gehen dort ins Feld und tragen die Sach aus unter uns Männern.

EILIF Sei ruhig. Ich besorgs ihm, Mutter.

MUTTER COURAGE Stehen bleibst! Du Haderlump! Ich

kenn dich, nix wie raufen. Ein Messer hat er im Stiefel, stechen tut er.

DER WERBER Ich ziehs ihm aus wie einen Milchzahn, komm, Bürschchen.

MUTTER COURAGE Herr Feldwebel, ich sags dem Obristen. Der steckt euch ins Loch. Der Leutnant ist ein Freier meiner Tochter.

DER FELDWEBEL Keine Gewalt, Bruder. *Zu Mutter Courage*: Was hast du gegen den Heeresdienst? War sein Vater nicht Soldat? Und ist anständig gefallen? Das hast du selber gesagt.

MUTTER COURAGE Er ist ein ganzes Kind. Ihr wollt ihn mir zur Schlachtbank führen, ich kenn euch. Ihr kriegt fünf Gulden für ihn.

DER WERBER Zunächst kriegt er eine schöne Kappe und Stulpenstiefel, nicht?

EILIF Nicht von dir.

MUTTER COURAGE Komm, geh mit angeln, sagt der Fischer zum Wurm. *Zum Schweizerkas:* Lauf weg und schrei, die wollen deinen Bruder stehlen. *Sie zieht ein Messer.* Probiers nur und stehlt ihn. Ich stech euch nieder, Lumpen. Ich werds euch geben, Krieg mit ihm führen! Wir verkaufen ehrlich Leinen und Schinken und sind friedliche Leut.

DER FELDWEBEL Das sieht man an deinem Messer, wie friedlich ihr seid. Überhaupt sollst du dich schämen, gib das Messer weg, Vettel! Vorher hast du eingestanden, du lebst vom Krieg, denn wie willst du sonst leben, von was? Aber wie soll Krieg sein, wenn es keine Soldaten gibt?

MUTTER COURAGE Das müssen nicht meine sein.

DER FELDWEBEL So, den Butzen soll dein Krieg fressen, und die Birne soll er ausspucken! Deine Brut soll dir fett werden vom Krieg, und ihm gezinst wird nicht. Er kann

schauen, wie er zu seine Sach kommt, wie? Heißt dich
Courage, he? Und fürchtest den Krieg, deinen Brot-
geber? Deine Söhn fürchten ihn nicht, das weiß ich von
ihnen.

EILIF Ich fürcht kein Krieg.

DER FELDWEBEL Und warum auch? Schaut mich an: ist mir
das Soldatenlos schlecht bekommen? Ich war mit siebzehn dabei.

MUTTER COURAGE Du bist noch nicht siebzig.

DER FELDWEBEL Ich kanns erwarten.

MUTTER COURAGE Ja, unterm Boden vielleicht.

DER FELDWEBEL Willst du mich beleidigen und sagst, ich
sterb?

MUTTER COURAGE Und wenns die Wahrheit ist? Wenn ich
seh, daß du gezeichnet bist? Wenn du dreinschaust wie
eine Leich auf Urlaub, he?

SCHWEIZERKAS Sie hat das Zweite Gesicht, das sagen alle.
Sie sagt die Zukunft voraus.

DER WERBER Dann sag doch mal dem Herrn Feldwebel
die Zukunft voraus, es möcht ihn amüsieren.

DER FELDWEBEL Ich halt nix davon.

MUTTER COURAGE Gib den Helm.

Er gibt ihn ihr.

DER FELDWEBEL Das bedeutet nicht so viel wie ins Gras
scheißen. Nur daß ich was zum Lachen hab.

MUTTER COURAGE *nimmt einen Pergamentbogen und zerreißt ihn*: Eilif, Schweizerkas und Kattrin, so möchten
wir alle zerrissen werden, wenn wir uns in'n Krieg zu
tief einlassen täten. *Zum Feldwebel:* Ich werds Ihnen
ausnahmsweis gratis machen. Ich mal ein schwarzes
Kreuz auf den Zettel. Schwarz ist der Tod.

SCHWEIZERKAS Und den anderen läßt sie leer, siehst du?

MUTTER COURAGE Da falt ich sie zusammen, und jetzt
schüttel ich sie durcheinander. Wie wir alle gemischt

sind, von Mutterleib an, und jetzt ziehst du und weißt Bescheid.

Der Feldwebel zögert.

DER WERBER *zu Eilif:* Ich nehm nicht jeden, ich bin bekannt für wählerisch, aber du hast ein Feuer, das mich angenehm berührt.

DER FELDWEBEL *im Helm fischend:* Blödheit! Nix als ein Augenauswischen.

SCHWEIZERKAS Ein schwarzes Kreuz hat er gezogen. Hin geht er.

DER WERBER Laß du dich nicht ins Bockshorn jagen, für jeden ist keine Kugel gegossen.

DER FELDWEBEL *heiser:* Du hast mich beschissen.

MUTTER COURAGE Das hast du dich selber an dem Tag, wo du Soldat geworden bist. Und jetzt fahrn wir weiter, es ist nicht alle Tag Krieg, ich muß mich tummeln.

DER FELDWEBEL Hölle und Teufel, ich laß mich von dir nicht anschmieren. Deinen Bankert nehmen wir mit, der wird uns Soldat.

EILIF Ich möchts schon werden, Mutter.

MUTTER COURAGE Das Maul hältst du, du finnischer Teufel.

EILIF Der Schweizerkas will jetzt auch Soldat werden.

MUTTER COURAGE Das ist mir was Neues. Ich werd euch auch das Los ziehen lassen müssen, euch alle drei.

Sie läuft nach hinten, auf Zettel Kreuze zu malen.

DER WERBER *zu Eilif:* Es ist gegen uns gesagt worden, daß es fromm zugeht im schwedischen Lager, aber das ist üble Nachred, damit man uns schadet. Gesungen wird nur am Sonntag, eine Stroph! und nur, wenn einer eine Stimm hat.

MUTTER COURAGE *kommt zurück mit den Zetteln im Helm des Feldwebels:* Möchten ihrer Mutter weglaufen, die Teufel, und in den Krieg wie die Kälber zum Salz. Aber ich werd die Zettel befragen, und da werden sie schon sehen, daß die Welt kein Freudental ist, mit »Komm mit, Sohn, wir brauchen noch Feldhauptleut«. Feldwebel, ich hab wegen ihnen die größten Befürchtungen, sie möchten mir nicht durch den Krieg kommen. Sie haben schreckliche Eigenschaften, alle drei. *Sie streckt Eilif den Helm hin.* Da fisch dir dein Los raus. *Er fischt, faltet auf. Sie entreißt es ihm.* Da hast dus, ein Kreuz! Oh, ich unglückliche Mutter, ich schmerzensreiche Gebärerin. Er stirbt? Im Lenz des Lebens muß er dahin. Wenn er ein Soldat wird, muß er ins Gras beißen, das ist klar. Er ist zu kühn, nach seinem Vater. Und wenn er nicht klug ist, geht er den Weg des Fleisches, der Zettel beweist es. *Sie herrscht ihn an*: Wirst du klug sein?

EILIF Warum nicht?

MUTTER COURAGE Klug ist, wenn du bei deiner Mutter bleibst, und wenn sie dich verhöhnen und ein Hühnchen schimpfen, lachst du nur.

DER WERBER Wenn du dir in die Hosen machst, werd ich mich an deinen Bruder halten.

MUTTER COURAGE Ich hab dir geheißen, du sollst lachen. Lach! Und jetzt fisch zu, Schweizerkas. Bei dir fürcht ich weniger, du bist redlich. *Er fischt im Helm.* Oh, warum schaust du so sonderlich auf den Zettel? Bestimmt ist er leer. Es kann nicht sein, daß da ein Kreuz drauf steht. Dich soll ich doch nicht verlieren. *Sie nimmt den Zettel.* Ein Kreuz? Auch er! Sollte das etwa sein, weil er so einfältig ist? Oh, Schweizerkas, du sinkst auch dahin, wenn du nicht ganz und gar redlich bist allezeit, wie ichs dir gelehrt hab von Kindesbeinen an, und mir das Wechselgeld zurückbringst vom Brotkaufen. Nur dann kannst du dich retten. Schau her, Feldwebel, obs nicht ein schwarzes Kreuz ist?

DER FELDWEBEL Ein Kreuz ists. Ich versteh nicht, daß ich eins gezogen hab. Ich halt mich immer hinten. *Zum Werber:* Sie treibt keinen Schwindel. Es trifft ihre eigenen auch.

SCHWEIZERKAS Mich triffts auch. Aber ich laß mirs gesagt sein.

MUTTER COURAGE *zu Kattrin:* Und jetzt bleibst mir nur noch du sicher, du bist selber ein Kreuz: du hast ein gutes Herz. *Sie hält ihr den Helm zum Wagen hoch, nimmt aber selber den Zettel heraus.* Ich möcht schier verzweifeln. Das kann nicht stimmen, vielleicht hab ich einen Fehler gemacht beim Mischen. Sei nicht zu gutmütig Kattrin, seis nie mehr, ein Kreuz steht auch über deinem Weg. Halt dich immer recht still, das kann nicht schwer sein, wo du doch stumm bist. So, jetzt wißt ihr. Seid alle vorsichtig, ihr habts nötig. Und jetzt steigen wir auf und fahren weiter. *Sie gibt dem Feldwebel seinen Helm zurück und besteigt den Wagen.*

DER WERBER *zum Feldwebel:* Mach was!

DER FELDWEBEL Ich fühl mich gar nicht wohl.

DER WERBER Vielleicht hast du dich schon verkühlt, wie du den Helm weggegeben hast im Wind. Verwickel sie in einen Handel. *Laut:* Du kannst dir die Schnalle ja wenigstens anschauen, Feldwebel. Die guten Leut leben vom Geschäft nicht? He, ihr, der Feldwebel will die Schnalle kaufen!

MUTTER COURAGE Einen halben Gulden. Wert ist so eine Schnalle zwei Gulden. *Sie klettert wieder vom Wagen.*

DER FELDWEBEL Sie ist nicht neu. Da ist so ein Wind, ich muß sie in Ruh studieren. *Er geht mit der Schnalle hinter den Wagen.*

MUTTER COURAGE Ich finds nicht zugig.

DER FELDWEBEL Vielleicht ist sie einen halben Gulden wert, es ist Silber.

MUTTER COURAGE *geht zu ihm hinter den Wagen:* Es sind
solide sechs Unzen.

DER WERBER *zu Eilif:* Und dann heben wir einen unter
Männern. Ich hab Handgeld bei mir, komm.
Eilif steht unschlüssig.

MUTTER COURAGE Dann ein halber Gulden.

DER FELDWEBEL Ich verstehs nicht. Immer halt ich mich
dahint. Einen sichereren Platz, als wenn du Feldwebel
bist, gibts nicht. Da kannst du die andern vorschicken,
daß sie sich Ruhm erwerben. Mein ganzes Mittag ist
mir versaut. Ich weiß genau, nix werd ich hinunter-
bringen.

MUTTER COURAGE So sollst du dirs nicht zu Herzen nehmen, daß du nicht mehr essen kannst. Halt dich nur
dahint. Da, nimm einen Schluck Schnaps, Mann. *Sie
gibt ihm zu trinken.*

DER WERBER *hat Eilif untern Arm genommen und zieht
ihn nach hinten mit sich fort:* Zehn Gulden auf die
Hand, und ein mutiger Mensch bist du und kämpfst für
den König, und die Weiber reißen sich um dich. Und
mich darfst du in die Fresse hauen, weil ich dich beleidigt hab. *Beide ab.*
*Die stumme Kattrin springt vom Wagen und stößt rauhe
Laute aus.*

MUTTER COURAGE Gleich, Kattrin, gleich. Der Herr Feldwebel zahlt noch. *Beißt in den halben Gulden.* Ich bin
mißtrauisch gegen jedes Geld. Ich bin ein gebranntes
Kind, Feldwebel. Aber die Münz ist gut. Und jetzt fahrn
wir weiter. Wo ist der Eilif?

SCHWEIZERKAS Der ist mitm Werber weg.

MUTTER COURAGE *steht ganz still, dann:* Du einfältiger
Mensch. *Zu Kattrin*: Ich weiß, du kannst nicht reden, du
bist unschuldig.

DER FELDWEBEL Kannst selber einen Schluck nehmen, Mutter. So geht es eben. Soldat ist nicht das Schlechteste. Du willst vom Krieg leben, aber dich und die Deinen willst du draußen halten, wie?

MUTTER COURAGE Jetzt mußt du mit deinem Bruder ziehn, Kattrin.

Die beiden, Bruder und Schwester, spannen sich vor den Wagen und ziehen an. Mutter Courage geht nebenher. Der Wagen rollt weiter.

DER FELDWEBEL *nachblickend:*

Will vom Krieg leben

Wird ihm wohl müssen auch was geben.

2

IN DEN JAHREN 1625 UND 26 ZIEHT MUTTER COURAGE IM
TROSS DER SCHWEDISCHEN HEERE DURCH POLEN. VOR DER
FESTUNG WALLHOF TRIFFT SIE IHREN SOHN WIEDER. – GLÜCK-
LICHER VERKAUF EINES KAPAUNS UND GROSSE TAGE DES
KÜHNEN SOHNES.

Das Zelt des Feldhauptmanns

*Daneben die Küche. Kanonendonner. Der Koch streitet
sich mit Mutter Courage, die einen Kapaun verkaufen
will.*

DER KOCH Sechzig Heller für einen so jämmerlichen Vogel?

MUTTER COURAGE Jämmerlicher Vogel? Dieses fette Vieh?
Dafür soll ein Feldhauptmann, wo verfressen ist bis
dorthinaus, weh Ihnen, wenn Sie nix zum Mittag haben,
nicht sechzig Hellerchen zahlen können?

DER KOCH Solche krieg ich ein Dutzend für zehn Heller
gleich ums Eck.

MUTTER COURAGE Was, so einen Kapaun wollen Sie gleich
ums Eck kriegen? Wo Belagerung ist und also ein Hunger, daß die Schwarten krachen! Eine Feldratt kriegen
Sie vielleicht, vielleicht sag ich, weil die aufgefressen sind,
fünf Mann hoch sind sie einen halben Tag hinter einer
hungrigen Feldratte her. Fünfzig Heller für einen riesi-
gen Kapaun bei Belagerung.

DER KOCH Wir werden doch nicht belagert, sondern die
andern. Wir sind die Belagerer, das muß in Ihren Kopf
endlich hinein.

MUTTER COURAGE Aber zu fressen haben wir auch nix, ja
weniger als die in der Stadt drin. Die haben doch alles
hineingeschleppt. Die leben in Saus und Braus, hör ich.
Aber wir! Ich war bei die Bauern, sie haben nix.

DER KOCH Sie haben. Sie versteckens.

MUTTER COURAGE *triumphierend:* Sie haben nicht. Sie sind ruiniert, das ist, was sie sind. Sie nagen am Hungertuch. Ich hab welche gesehn, die graben die Wurzeln aus vor Hunger, die schlecken sich die Finger nach einem ge-kochten Lederriemen. So steht es. Und ich hab einen Kapaun und soll ihn für vierzig Heller ablassen.

DER KOCH Für dreißig, nicht für vierzig. Ich hab gesagt für dreißig.

MUTTER COURAGE Sie, das ist kein gewöhnlicher Kapaun. Das war ein so talentiertes Vieh, hör ich, daß es nur gefressen hat, wenn sie ihm Musik aufgespielt haben, und es hat einen Leibmarsch gehabt. Es hat rechnen kön-nen, so intelligent war es. Und da solln vierzig Heller zuviel sein? Der Feldhauptmann wird Ihnen den Kopf abreißen, wenn nix aufm Tisch steht.

DER KOCH Sehen Sie, was ich mach?
Er nimmt ein Stück Rindfleisch und setzt das Messer dran.
Da hab ich ein Stück Rindfleisch, das brat ich. Ich geb Ihnen eine letzte Bedenkzeit.

MUTTER COURAGE Braten Sies nur. Das ist vom vorigen Jahr.

DER KOCH Das ist von gestern abend, da ist der Ochs noch herumgelaufen, ich hab ihn persönlich gesehn.

MUTTER COURAGE Dann muß er schon bei Lebzeiten ge-stunken haben.

DER KOCH Ich kochs fünf Stunden lang, wenns sein muß, ich will sehen, obs da noch hart ist. *Er schneidet hinein.*

MUTTER COURAGE Nehmens viel Pfeffer, daß der Herr Feldhauptmann den Gestank nicht riecht.
Ins Zelt treten der Feldhauptmann, ein Feldprediger und Eilif.

DER FELDHAUPTMANN *Eilif auf die Schulter schlagend:* Nun,

mein Sohn, herein mit dir zu deinem Feldhauptmann und setz dich zu meiner Rechten. Denn du hast eine Heldentat vollbracht, als frommer Streiter, und für Gott getan, was du getan hast, in einem Glaubenskrieg, das rechne ich dir besonders hoch an, mit einer goldenen Armspang, sobald ich die Stadt hab. Wir sind gekommen, ihnen ihre Seelen zu retten, und was tun sie, als unverschämte und verdreckte Saubauern? Uns ihr Vieh wegtreiben! Aber ihren Pfaffen schieben sies vorn und hinten rein, aber du hast ihnen Mores gelehrt. Da schenk ich dir eine Kanne Roten ein, das trinken wir beide aus auf einen Hupp! *Sie tun es.* Der Feldprediger kriegt einen Dreck, der ist fromm. Und was willst du zu Mittag, mein Herz?

EILIF Einen Fetzen Fleisch, warum nicht?

DER FELDHAUPTMANN Koch, Fleisch!

DER KOCH Und dann bringt er sich noch Gäst mit, wo nix da is.

Mutter Courage bringt ihn zum Schweigen, da sie lauschen will.

EILIF Bauernschinden macht hungrig.

MUTTER COURAGE Jesus, das ist mein Eilif.

DER KOCH Wer?

MUTTER COURAGE Mein Ältester. Zwei Jahr hab ich ihn aus den Augen verloren, ist mir gestohlen worden auf der Straß und muß in hoher Gunst stehen, wenn ihn der Feldhauptmann zum Essen einlädt, und was hast du zum Essen? Nix! Hast du gehört, was er als Gast speisen will: Fleisch! Laß dir gut raten, nimm jetzt auf der Stell den Kapaun, er kost einen Gulden.

DER FELDHAUPTMANN *hat sich mit Eilif und dem Feldprediger gesetzt und brüllt:* Zu essen, Lamb, du Kochbestie, sonst erschlag ich dich.

DER KOCH Gib her, zum Teufel, du Erpresserin.

MUTTER COURAGE Ich dacht, es ist ein jämmerlicher Vogel.

DER KOCH Jämmerlich, her gib ihn, es ist ein Sündenpreis, fünfzig Heller.

MUTTER COURAGE Ich sag einen Gulden. Für meinen Ältesten, den lieben Gast vom Herrn Feldhauptmann, ist mir nichts zu teuer.

DER KOCH *gibt ihr das Geld:* Dann aber rupf ihn wenigstens, bis ich ein Feuer mach.

MUTTER COURAGE *setzt sich, den Kapaun zu rupfen:* Was mag der für ein Gesicht machen, wenn er mich sieht. Er ist mein kühner und kluger Sohn. Ich hab noch einen dummen, der aber redlich ist. Die Tochter ist nix. Wenigstens red sie nicht, das ist schon etwas.

DER FELDHAUPTMANN Trink noch einen, mein Sohn, das ist mein Lieblingsfalerner, ich hab nur noch ein Faß davon oder zwei, höchstens, aber das ists mir wert, daß ich seh, es gibt noch einen echten Glauben in meinem Heerhaufen. Und der Seelenhirt schaut wieder zu, weil er predigt nur, und wies gemacht werden soll, weiß er nicht. Und jetzt, mein Sohn Eilif, bericht uns genauer, wie fein du die Bauern geschlenkt und die zwanzig Rinder gefangen hast. Hoffentlich sind sie bald da.

EILIF In einem Tag oder zwei höchstens.

MUTTER COURAGE Das ist rücksichtsvoll von meinem Eilif, daß er die Ochsen erst morgen eintreibt, sonst hättet ihr meinen Kapaun überhaupt nicht mehr gegrüßt.

EILIF Also, das war so: ich hab erfahren, daß die Bauern unterderhand, in der Nacht hauptsächlich, ihre versteckten Ochsen aus den Wäldern in ein bestimmtes Holz getrieben haben. Da wollten die von der Stadt sie abholen. Ich hab sie ruhig ihre Ochsen eintreiben lassen, die, dacht ich, finden sie leichter als ich. Meine Leut habe ich glustig auf das Fleisch gemacht, hab ihnen zwei Tag lang die schmale Ration noch gekürzt, daß ihnen das

Wasser im Maul zusammengelaufen ist, wenn sie bloß ein Wort gehört haben, das mit Fl angeht, wie Fluß.

DER FELDHAUPTMANN Das war klug von dir.

EILIF Vielleicht. Alles andere war eine Kleinigkeit. Nur daß die Bauern Knüppel gehabt haben und dreimal so viele waren wie wir und einen mörderischen Überfall auf uns gemacht haben. Vier haben mich in ein Gestrüpp gedrängt und mir mein Eisen aus der Hand gehaun und gerufen: Ergib dich! Was tun, denk ich, die machen aus mir Hackfleisch.

DER FELDHAUPTMANN Was hast getan?

EILIF Ich hab gelacht.

DER FELDHAUPTMANN Was hast?

EILIF Gelacht. So ist ein Gespräch draus geworden. Ich verleg mich gleich aufs Handeln und sag: zwanzig Gulden für den Ochsen ist mir zu viel. Ich biet fünfzehn. Als wollt ich zahlen. Sie sind verdutzt und kratzen sich die Köpf. Sofort bück ich mich nach meinem Eisen und hau sie zusammen. Not kennt kein Gebot, nicht?

DER FELDHAUPTMANN Was sagst du dazu, Seelenhirt?

DER FELDPREDIGER Strenggenommen, in der Bibel steht der Satz nicht, aber unser Herr hat aus fünf Broten fünfhundert herzaubern können, da war eben keine Not, und da konnt er auch verlangen, daß man seinen Nächsten liebt, denn man war satt. Heutzutage ist das anders.

DER FELDHAUPTMANN *lacht:* Ganz anders. Jetzt kriegst du doch einen Schluck, du Pharisäer. *Zu Eilif:* Zusammengehauen hast du sie, so ists recht, damit meine braven Leut ein gutes Stückl zwischen die Zähn kriegen. Heißts nicht in der Schrift: Was du dem geringsten von meinen Brüdern getan hast, hast du mir getan? Und was hast du ihnen getan? Eine gute Mahlzeit von Ochsenfleisch hst du ihnen verschafft, denn schimmliges Brot sind sie nicht gewöhnt, sondern früher haben sie sich in der Sturmhaub ihre kalten Schalen von Semmel und Wein hergericht, vor sie für Gott gestritten haben.

EILIF Ja, sofort bück ich mich nach meinem Eisen und hau sie zusammen.

DER FELDHAUPTMANN In dir steckt ein junger Cäsar. Du solltest den König sehn.

EILIF Ich hab von weitem. Er hat was Lichtes. Ihn möcht ich mir zum Vorbild nehmen.

DER FELDHAUPTMANN Du hast schon was von ihm. Ich schätz mir einen solchen Soldaten wie dich, Eilif, einen mutigen. So einen behandel ich wie meinen eigenen Sohn. *Er führt ihn zur Landkarte.* Schau dir die Lage an, Eilif, da brauchts noch viel.

MUTTER COURAGE *die zugehört hat und jetzt zornig ihren Kapaun rupft:* Das muß ein sehr schlechter Feldhauptmann sein.

DER KOCH Ein verfressener, aber warum ein schlechter?

MUTTER COURAGE Weil er mutige Soldaten braucht, darum. Wenn er einen guten Feldzugsplan machen könnt, wozu bräucht er da so mutige Soldaten? Gewöhnliche täten ausreichen. Überhaupt, wenn es wo so große Tugenden gibt, das beweist, daß da etwas faul ist.

DER KOCH Ich dacht, es beweist, daß etwas gut ist.

MUTTER COURAGE Nein, daß etwas faul ist. Warum? Wenn ein Feldhauptmann oder König recht dumm ist und er führt seine Leut in die Scheißgaß, dann brauchts Todesmut bei den Leuten, auch eine Tugend. Wenn er zu geizig ist und zuwenig Soldaten anwirbt, dann müssen sie lauter Herkulesse sein. Und wenn er ein Schlamper ist und kümmert sich um nix, dann müssen sie klug wie die Schlangen sein, sonst sind sie hin. So brauchts auch die ganz besondere Treue, wenn er ihnen immer zuviel zumutet. Lauter Tugenden, die ein ordentliches Land und ein guter König und Feldhauptmann nicht brauchen. In einem guten Land brauchts keine Tugenden, alle können ganz gewöhnlich sein, mittelgescheit und meinetwegen Feiglinge.

DER FELDHAUPTMANN Ich wett, dein Vater war ein Soldat.

EILIF Ein großer, hör ich. Meine Mutter hat mich gewarnt deshalb. Da kann ich ein Lied.

DER FELDHAUPTMANN Sings uns! *Brüllend:* Wirds bald mit dem Essen!

EILIF Es heißt: Das Lied vom Weib und dem Soldaten. *Er singt es, einen Kriegstanz mit dem Säbel tanzend.*

Das Schießgewehr schießt, und das Spießmesser spießt
Und das Wasser frißt auf, die drin waten.
Was könnt ihr gegen Eis? Bleib weg, 's ist nicht weis!
Sagte das Weib zum Soldaten.
Doch der Soldat mit der Kugel im Lauf
Hörte die Trommel und lachte darauf:
Marschieren kann nimmermehr schaden!
Hinab nach dem Süden, nach dem Norden hinauf
Und das Messer fängt er mit Händen auf!
Sagten zum Weib die Soldaten.

Ach, bitter bereut, wer des Weisen Rat scheut
Und vom Alter sich nicht läßt beraten.
Ach, zu hoch nicht hinaus! Es geht übel aus!
Sagte das Weib zum Soldaten.
Doch der Soldat mit dem Messer im Gurt
Lacht' ihr kalt ins Gesicht und ging über die Furt
Was konnte das Wasser ihm schaden?
Wenn weiß der Mond überm Schindeldach steht
Kommen wir wieder, nimms auf ins Gebet!
Sagten zum Weib die Soldaten.

MUTTER COURAGE *in der Küche singt weiter, mit dem Löf-*
fel einen Topf schlagend:

Ihr vergeht wie der Rauch! Und die Wärme geht auch
Und uns wärmen nicht eure Taten!
Ach, wie schnell geht der Rauch! Gott behüte ihn auch!
Sagte das Weib vom Soldaten.

EILIF Was ist das?
MUTTER COURAGE *singt weiter:*

Und der Soldat mit dem Messer im Gurt
Sank hin mit dem Spieß, und mit riß ihn die Furt
Und das Wasser fraß auf, die drin waten.
Kühl stand der Mond überm Schindeldach weiß
Doch der Soldat trieb hinab mit dem Eis
Und was sagten dem Weib die Soldaten?

Er verging wie der Rauch, und die Wärme ging auch
Und es wärmten sie nicht seine Taten.
Ach, bitter bereut, wer des Weisen Rat scheut!
Sagte das Weib den Soldaten.

DER FELDHAUPTMANN Die erlauben sich heut allerhand in
meiner Kuch.
EILIF *ist in die Küche gegangen. Er umarmt seine Mutter:*
Daß ich dich wiederseh! Wo sind die andern?
MUTTER COURAGE *in seinen Armen:* Wohlauf wie die Fisch
im Wasser. Der Schweizerkas ist Zahlmeister beim
Zweiten geworden; da kommt er mir wenigstens nicht
ins Gefecht, ganz konnt ich ihn nicht heraushalten.
EILIF Und was macht dein Fußwerk?
MUTTER COURAGE Am Morgen komm ich halt schwer in
die Schuh.

DER FELDHAUPTMANN *ist dazugetreten*: So, du bist die Mutter. Ich hoff, du hast noch mehr Söhn für mich wie den da.

EILIF Wenn das nicht mein Glück ist: sitzt du da in der Küch und hörst, wie dein Sohn ausgezeichnet wird!

MUTTER COURAGE Ja, ich habs gehört. *Sie gibt ihm eine Ohrfeige.*

EILIF *sich die Backe haltend:* Weil ich die Ochsen gefangen hab?

MUTTER COURAGE Nein. Weil du dich nicht ergeben hast, wie die vier auf dich losgegangen sind und haben aus dir Hackfleisch machen wollen! Hab ich dir nicht gelernt, daß du auf dich achtgeben sollst? Du finnischer Teufel!

Der Feldhauptmann und der Feldprediger stehen lachend in der Tür.

3

WEITERE DREI JAHRE SPÄTER GERÄT MUTTER COURAGE MIT
TEILEN EINES FINNISCHEN REGIMENTS IN DIE GEFANGEN-
SCHAFT. IHRE TOCHTER IST ZU RETTEN, EBENSO IHR PLAN-
WAGEN, ABER IHR REDLICHER SOHN STIRBT.

Feldlager

*Nachtmittag. An einer Stange die Regimentsfahne. Mut-
ter Courage hat von ihrem Planwagen, der reich mit
allerhand Waren behangen ist, zu einer großen Kanone
eine Wäscheleine gespannt und faltet mit Kattrin auf
der Kanone Wäsche. Dabei handelt sie mit einem Zeugmeister um einen Sack Kugeln. Schweizerkas, nunmehr
in der Montur eines Zahlmeisters, schaut zu.*
*Eine hübsche Person, Yvette Pottier, näht, ein Glas
Branntwein vor sich, an einem bunten Hut. Sie ist in
Strümpfen, ihre roten Stöckelschuhe stehen neben ihr.*

DER ZEUGMEISTER Ich geb Ihnen die Kugeln für zwei Gul
den. Das ist billig, ich brauch das Geld, weil der Obrist
seit zwei Tagen mit die Offizier sauft und der Likör
ausgegangen ist.
MUTTER COURAGE Das ist Mannschaftsmunition. Wenn die
gefunden wird bei mir, komm ich vors Feldgericht. Ihr
verkaufts die Kugeln, ihr Lumpen, und die Mannschaft
hat nix zum Schießen vorm Feind.
DER ZEUGMEISTER Sinds nicht hartherzig, eine Hand wäscht
die andre.
MUTTER COURAGE Heeresgut nehm ich nicht. Nicht für
den Preis.
DER ZEUGMEISTER Sie könnens für fünf Gulden, sogar für
acht noch heut abend diskret an den Zeugmeister vom

Vierten verkaufen, wenns ihm eine Quittung auf zwölf Gulden ausstellen. Der hat überhaupt keine Munition mehr.

MUTTER COURAGE Warum machens das nicht selber?

DER ZEUGMEISTER Weil ich ihm nicht trau, wir sind befreundet.

MUTTER COURAGE *nimmt den Sack:* Gib her. *Zu Katrin:* Trag hinter und zahl ihm eineinhalb Gulden aus. *Auf des Zeugmeisters Protest:* Ich sag, eineinhalb Gulden.

Kattrin schleppt den Sack hinter, der Zeugmeister folgt ihr. Mutter Courage zum Schweizerkas: Da hast du deine Unterhos zurück, heb sie gut auf, es ist jetzt Oktober, und da kanns leicht Herbst werden, ich sag ausdrücklich nicht muß, denn ich hab gelernt, nix muß kommen, wie man denkt, nicht einmal die Jahreszeiten. Aber deine Regimentskass muß stimmen, wies auch kommt. Stimmt deine Kass?

SCHWEIZERKAS Ja, Mutter.

MUTTER COURAGE Vergiß nicht, daß sie dich zum Zahlmeister gemacht haben, weil du redlich bist und nicht etwa kühn wie dein Bruder, und vor allem, weil du so einfältig bist, daß du sicher nicht auf den Gedanken kommst, damit wegzurennen, du nicht. Das beruhigt mich recht. Und die Hos verleg nicht.

SCHWEIZERKAS Nein, Mutter, ich geb sie unter die Matraz. *Will gehen.*

DER ZEUGMEISTER Ich gehe mit dir, Zahlmeister.

MUTTER COURAGE Und lernens ihm nicht Ihre Kniffe!

Der Zeugmeister ohne Gruß mit dem Schweizerkas ab.

YVETTE *winkt ihm nach:* Könntest auch grüßen, Zeugmeister!

MUTTER COURAGE *zu Yvette:* Die seh ich nicht gern zusammen. Der ist keine Gesellschaft für meinen Schweizerkas. Aber der Krieg läßt sich nicht schlecht an. Bis alle

Länder drin sind, kann er vier, fünf Jahre dauern wie nix. Ein bissel Weitblick und keine Unvorsichtigkeit, und ich macht gute Geschäfte. Weißt du nicht, daß du nicht trinken sollst am Vormittag mit deiner Krankheit?

YVETTE Wer sagt, daß ich krank bin, das ist eine Verleumdung!

MUTTER COURAGE Alle sagens.

YVETTE Weil alle lügen. Mutter Courage, ich bin ganz verzweifelt, weil alle gehen um mich herum wie um einen faulen Fisch wegen dieser Lügen, wozu richt ich noch meinen Hut her? *Sie wirft ihn weg.* Drum trink ich am Vormittag, das hab ich nie gemacht, es gibt Krähenfüß, aber jetzt ist alles gleich. Beim Zweiten Finnischen kennen mich alle. Ich hätt zu Haus bleiben solln, wie mein Erster mich verraten hat. Stolz ist nix für unsereinen, Dreck muß man schlucken können, sonst gehts abwärts.

MUTTER COURAGE Nur fang jetzt nicht wieder mit deinem Pieter an und wie alles gekommen ist, vor meiner unschuldigen Tochter.

YVETTE Grad soll sies hören, damit sie abgehärtet wird gegen die Liebe.

MUTTER COURAGE Da wird keine abgehärtet.

YVETTE Dann erzähl ichs, weil mir davon leichter wird. Es fangt damit an, daß ich in dem schönen Flandern aufgewachsen bin, ohne das hätt ich ihn nicht zu Gesicht bekommen und säß nicht hier jetzt in Polen, denn er war ein Soldatenkoch, blond, ein Holländer, aber mager. Kattrin, hüt dich vor den Mageren, aber das wußt ich damals noch nicht, auch nicht, daß er schon damals noch eine andere gehabt hat und sie ihn überhaupt schon Pfeifenpieter genannt haben, weil er die Pfeif nicht aus dem Maul genommen hat dabei, so beiläufig wars bei ihm. *Sie singt das Lied vom Fraternisieren:*

Ich war erst siebzehn Jahre
Da kam der Feind ins Land.
Er legte beiseite den Säbel
Und gab mir freundlich seine Hand.
    Und nach der Maiandacht
    Da kam die Maiennacht.
    Das Regiment stand im Geviert
    Dann wurd getrommelt, wies der Brauch
    Dann nahm der Feind uns hintern Strauch
    Und hat fraternisiert.

Da waren viele Feinde
Und mein Feind war ein Koch
Ich haßte ihn bei Tage
Und nachts, da liebte ich ihn doch.
    Denn nach der Maiandacht
    Da kommt die Maiennacht.
    Das Regiment steht im Geviert
    Dann wird getrommelt, wies der Brauch
    Dann nimmt der Feind uns hintern Strauch
    Und's wird fraternisiert.

Die Liebe, die ich spürte
War eine Himmelsmacht.
Meine Leut habens nicht begriffen
Daß ich ihn lieb und nicht veracht.
    In einer trüben Früh
    Begann mein Qual und Müh.
    Das Regiment stand im Geviert
    Dann wurd getrommelt, wies der Brauch
    Dann ist der Feind, mein Liebster auch
    Aus unsrer Stadt marschiert.

Ich bin ihm leider nachgefahren, hab ihn aber nie ge-

getroffen, es ist fünf Jahr her. *Sie geht schwankend hinter den Planwagen.*

MUTTER COURAGE Du hast deinen Hut liegenlassen.

YVETTE Den kann haben, wer will.

MUTTER COURAGE Laß dirs also zur Lehre dienen, Kattrin. Nie fang mir was an mit Soldatenvolk. Die Liebe ist eine Himmelsmacht, ich warn dich. Sogar mit die, wo nicht beim Heer sind, ists kein Honigschlecken. Er sagt, er möcht den Boden küssen, über den deine Füß gehn, hast du sie gewaschen gestern, weil ich grad dabei bin, und dann bist du sein Dienstbot. Sei froh, daß du stumm bist, da widersprichst du dir nie oder willst dir nie die Zunge abbeißen, weil du die Wahrheit gesagt hast, das ist ein Gottesgeschenk, Stummsein. Und da kommt der Koch vom Feldhauptmann, was mag der wollen? *Der Koch und der Feldprediger kommen.*

DER FELDPREDIGER Ich bring Ihnen eine Botschaft von Ihrem Sohn, dem Eilif, und der Koch ist gleich mitgekommen, auf den haben Sie Eindruck gemacht.

DER KOCH Ich bin nur mitgekommen, ein bissel Luft schnappen.

MUTTER COURAGE Das können Sie immer hier, wenn Sie sich anständig aufführen, und auch sonst, ich werd fertig mit euch. Was will er denn, ich hab kein Geld übrig.

DER FELDPREDIGER Eigentlich sollt ich dem Bruder was ausrichten, dem Herrn Zahlmeister.

MUTTER COURAGE Der ist nicht mehr hier und woanders auch nicht. Der ist nicht seinem Bruder sein Zahlmeister. Er soll ihn nicht in Versuchung führen und gegen ihn klug sein. *Gibt ihm Geld aus der umgehängten Tasche.* Geben Sie ihm das, es ist eine Sünde, er spekuliert auf die Mutterliebe und soll sich schämen.

DER KOCH Nicht mehr lang, dann muß er aufbrechen mit dem Regiment, wer weiß, vielleicht in den Tod. Sie sollten noch was zulegen, hinterher bereuen Sies. Ihr Weiber seid hart, aber hinterher bereut ihr. Ein Gläschen Branntwein hätt seinerzeit nix ausgemacht, ist aber nicht gegeben worden, und wer weiß, dann liegt einer unterm grünen Rasen, und ihr könnt ihn euch nicht mehr ausscharren.

DER FELDPREDIGER Werden Sie nicht gerührt, Koch. In dem Krieg fallen, ist eine Gnad und keine Ungelegenheit, warum? Es ist ein Glaubenskrieg. Kein gewöhnlicher, sondern ein besonderer, wo für den Glauben geführt wird, und also Gott wohlgefällig.

DER KOCH Das ist richtig. In einer Weis ist es ein Krieg, indem daß gebrandschatzt, gestochen und geplündert wird, bissel schänden nicht zu vergessen, aber unterschieden von alle andern Kriege dadurch, daß es ein Glaubenskrieg ist, das ist klar. Aber er macht auch Durst, das müssen Sie zugeben.

DER FELDPREDIGER *zu Mutter Courage, auf den Koch zeigend:* Ich hab ihn abzuhalten versucht, aber er hat gesagt, Sie habens ihm angetan, er träumt von Ihnen.

DER KOCH *zündet sich eine Stummelpfeife an:* Bloß daß ich ein Glas Branntwein krieg von schöner Hand, nix Schlimmeres. Aber ich bin schon geschlagen genug, weil der Feldprediger den ganzen Weg her solche Witze gemacht hat, daß ich noch jetzt rot sein muß.

MUTTER COURAGE Und im geistlichen Gewand! Ich wer euch was zu trinken geben müssen, sonst macht ihr mir noch einen unsittlichen Antrag vor Langeweil.

DER FELDPREDIGER Das ist eine Versuchung, sagte der Hofprediger und erlag ihr. *Im Gehen sich nach Kattrin umwendend:* Und wer ist diese einnehmende Person?

MUTTER COURAGE Das ist keine einnehmende, sondern eine anständige Person.

Der Feldprediger und der Koch gehen mit Mutter

Courage hinter den Wagen. Kattrin schaut ihnen nach und geht dann von der Wäsche weg, auf den Hut zu. Sie hebt ihn auf und setzt sich, die roten Schuhe anziehend. Man hört von hinten Mutter Courage mit dem Feldprediger und dem Koch politisieren.

Die Polen hier in Polen hätten sich nicht einmischen sollen. Es ist richtig, unser König ist bei ihnen eingerückt mit Roß und Mann und Wagen, aber anstatt daß die Polen den Frieden aufrechterhalten haben, haben sie sich eingemischt in ihre eigenen Angelegenheiten und den König angegriffen, wie er grad in aller Ruh dahergezogen ist. So haben sie sich eines Friedensbruchs schuldig gemacht, und alles Blut kommt auf ihr Haupt.

DER FELDPREDIGER Unser König hat nur die Freiheit im Aug gehabt. Der Kaiser hat alle unterjocht, die Polen so gut wie die Deutschen, und der König hat sie befreien müssen.

DER KOCH So seh ichs, Ihr Branntwein ist vorzüglich, ich hab mich nicht getäuscht in Ihrem Gesicht, aber weil wir vom König sprechen, die Freiheit, wo er hat einführen wollen in Deutschland, hat sich der König genug kosten lassen, indem er die Salzsteuer eingeführt hat in Schweden, was die armen Leut, wie gesagt, was gekostet hat, und dann hat er die Deutschen noch einsperren und vierteilen lassen müssen, weil sie an ihrer Knechtschaft gegenüber dem Kaiser festgehalten haben. Freilich, wenn einer nicht hat frei werden wolln, hat der König keinen Spaß gekannt. Zuerst hat er nur Polen schützen wolln vor böse Menschen, besonders dem Kaiser, aber dann ist mitn Essen der Appetit gekommen, und er hat ganz Deutschland geschützt. Es hat sich nicht schlecht widersetzt. So hat der gute König nix wie Ärger gehabt von seiner Güte und Auslagen, und die hat er natürlich durch Steuern reinbringen lassen müssen, was böses Blut erzeugt hat, aber er hat sichs nicht verdrießen lassen. Er hat eins für sich gehabt, da war Gottes Wort, das war noch gut. Denn sonst hätts noch geheißen, er tuts für sich und weil er Gewinst haben will. So hat er immer ein gutes Gewissen gehabt, das war ihm die Hauptsach.

MUTTER COURAGE Man merkt, Sie sind kein Schwed, sonst würden Sie anders vom Heldenkönig reden.

DER FELDPREDIGER Schließlich essen Sie sein Brot.

DER KOCH Ich eß nicht sein Brot, sondern ich backs ihm.

MUTTER COURAGE Besiegt werden kann er nicht, warum, seine Leut glauben an ihn. *Ernsthaft*: Wenn man die Großkopfigen reden hört, führns die Krieg nur aus Gottesfurcht und für alles, was gut und schön ist. Aber wenn man genauer hinsieht, sinds nicht so blöd, sondern führn die Krieg für Gewinn. Und anders würden die kleinen Leut wie ich auch nicht mitmachen.

DER KOCH So ist es.

DER FELDPREDIGER Und Sie täten gut als Holländer, sich die Flagg anzusehen, die hier aufgezogen ist, bevor Sie eine Meinung äußern in Polen.

MUTTER COURAGE Hie gut evangelisch allewege! Prosit!

Kattrin hat begonnen, mit Yvettes Hut auf dem Kopf herumzustolzieren, Yvettes Gang kopierend.

Plötzlich hört man Kanonendonner und Schüsse. Trommeln. Mutter Courage, der Koch und der Feldprediger stürzen hinter dem Wagen vor, die beiden letzteren noch die Gläser in der Hand. Der Zeugmeister und ein Soldat kommen zur Kanone gelaufen und versuchen, sie wegzuschieben.

Was ist denn los? Ich muß doch erst meine Wäsche wegtun, ihr Lümmel. *Sie versucht ihre Wäsche zu retten.*

DER ZEUGMEISTER Die Katholischen! Ein Überfall. Wir wissen nicht, ob wir noch wegkommen. *Zum Soldaten:* Bring das Geschütz weg! *Läuft weiter.*

DER KOCH Um Gottes willen, ich muß zum Feldhauptmann. Courage, ich komm nächster Tag einmal herüber
zu einer kleinen Unterhaltung.
Stürzt ab.

MUTTER COURAGE Halt, Sie haben Ihre Pfeif liegenlassen!

DER KOCH *von weitem:* Heben Sie sie mir auf! Ich brauch
sie.

MUTTER COURAGE Grad jetzt, wo wir ein bissel verdient
haben!

DER FELDPREDIGER Ja, dann geh ich halt auch. Freilich,
wenn der Feind schon so nah heran ist, möchts gefährlich sein. Selig sind die Friedfertigen, heißts im Krieg.
Wenn ich einen Mantel über hätt.

MUTTER COURAGE Ich leih keine Mäntel aus, und wenns
das Leben kostet. Ich hab schlechte Erfahrungen gemacht.

DER FELDPREDIGER Aber ich bin besonders gefährdet wegen
meinem Glauben.

MUTTER COURAGE *holt ihm einen Mantel:* Ich tus gegen
mein besseres Gewissen. Laufen Sie schon.

DER FELDPREDIGER Schönen Dank, das ist großartig von
Ihnen, aber vielleicht bleib ich noch besser sitzen hier,
ich möcht Verdacht erregen und den Feind auf mich
ziehn, wenn ich laufend gesehn werd.

MUTTER COURAGE *zum Soldaten:* Laß sie doch stehn, du
Esel, wer zahlts dir? Ich nehm sie dir in Verwahrung,
und dich kostets Leben.

DER SOLDAT *weglaufend:* Sie können bezeugen, ich habs
versucht.

MUTTER COURAGE Ich schwörs. *Sieht ihre Tochter mit dem
Hut.* Was machst denn du mit dem Hurenhut? Willst
du gleich den Deckel abnehmen, du bist wohl übergeschnappt? Jetzt, wo der Feind kommt? *Sie reißt Kattrin den Hut vom Kopf.* Sollen sie dich entdecken und

zur Hur machen? Und die Schuh hat sie sich angezogen, diese Babylonische! Herunter mit die Schuh! *Sie will sie ihr ausziehen.* Jesus, hilf mir, Herr Feldprediger, daß sie den Schuh runterbringt! Ich komm gleich wieder. *Sie läuft zum Wagen.*

YVETTE *kommt, sich pudernd:* Was sagen Sie, die Katholischen kommen? Wo ist mein Hut? Wer hat auf ihm herumgetrampelt? So kann ich doch nicht herumlaufen, wenn die Katholischen kommen. Was denken die von mir? Spiegel hab ich auch nicht. *Zum Feldprediger:* Wie schau ich aus? Ist es zuviel Puder?

DER FELDPREDIGER Grad richtig.

YVETTE Und wo sind die roten Schuh? *Sie findet sie nicht, weil Kattrin die Füße unter den Rock zieht. Ich* hab sie hier stehnlassen. Ich miß in mein Zelt hinüber, barfuß. Das ist eine Schand! *Ab.*

Schweizerkas kommt gelaufen, eine kleine Schatulle tragend.

MUTTER COURAGE *kommt mit den Händen voll Asche. Zu Kattrin:* Da hab ich Asche. *Zu Schweizerkas:* Was schleppst du da?

SCHWEIZERKAS Die Regimentskass.

MUTTER COURAGE Wirf sie weg! Es hat sich ausgezahlmeistert.

SCHWEIZERKAS Die ist anvertraut. *Er geht nach hinten.*

MUTTER COURAGE *zum Feldprediger:* Zieh den geistlichen Rock ab, Feldprediger, sonst kennen sie dich trotz dem Mantel! *Sie reibt Kattrin das Gesicht ein mit Asche.* Halt still! So, ein bissel Dreck, und du bist sicher. So ein Unglück! Die Feldwachen sind besoffen gewesen. Sein Licht muß man unter den Scheffel stellen, heißt es. Ein Soldat, besonders ein katholischer, und ein sauberes Gesicht, und gleich ist die Hur fertig. Sie kriegen wochenlang nichts zu fressen, und wenn sie dann kriegen, durch

Plündern, fallen sie über die Frauenzimmer her. Jetzt mags angehn. Laß dich anschaun. Nicht schlecht. Wie wenn du im Dreck gewühlt hättst. Zitter nicht. So kann dir nix geschehn. *Zum Schweizerkas:* Wo hast du die Kass gelassen?

SCHWEIZERKAS Ich dacht, ich geb sie in den Wagen.

MUTTER COURAGE *entsetzt:* Was, in meinem Wagen? So eine gottsträfliche Dummheit! Wenn ich einmal wegschau! Aufhängen tun sie uns alle drei!

SCHWEIZERKAS Dann geb ich sie woanders hin oder flücht damit.

MUTTER COURAGE Hier bleibst du, das ist zu spät.

DER FELDPREDIGER *halb umgezogen nach vorn:* Um Himmels willen, die Fahn!

MUTTER COURAGE *nimmt die Regimentsfahne herunter:* Boshe moi! Mir fällt die schon gar nicht mehr auf. Fünfundzwanzig Jahr hab ich die.

Der Kanonendonner wird lauter.

An einem Vormittag, drei Tage später. Die Kanone ist weg. Mutter Courage, Kattrin, der Feldprediger und Schweizerkas sitzen bekümmert zusammen beim Essen.

SCHWEIZERKAS Das ist schon der dritte Tag, daß ich hier faul herumsitz, und der Herr Feldwebel, wo immer nachsichtig zu mir gewesen ist, möcht langsam fragen: wo ist denn der Schweizerkas mit der Soldschatull?

MUTTER COURAGE Sei froh, daß sie dir nicht auf die Spur gekommen sind.

DER FELDPREDIGER Was soll ich sagen? Ich kann auch nicht eine Andacht halten hier, sonst möchts mir schlecht gehn. Wes das Herz voll ist, des läuft das Maul über, heißts, aber weh, wenns mir überläuft!

MUTTER COURAGE So ists. Ich hab hier einen sitzen mit

einem Glauben und einen mit einer Kass. Ich weiß nicht, was gefährlicher ist.

DER FELDPREDIGER Wir sind eben jetzt in Gottes Hand.

MUTTER COURAGE Ich glaub nicht, daß wir schon so verloren sind, aber schlafen tu ich doch nicht nachts. Wenn du nicht wärst, Schweizerkas, wärs leichter. Ich glaub, daß ich mirs gericht hab. Ich hab ihnen gesagt, daß ich gegen den Antichrist bin, den Schweden, wo Hörner aufhat, und daß ichs gesehn hab, das linke Horn ist ein bissel abgeschabt. Mitten im Verhör hab ich gefragt, wo ich Weihkerzen einkaufen kann, nicht zu teuer. Ich habs gut gekonnt, weil dem Schweizerkas sein Vater katholisch gewesen ist und oft darüber Witz gemacht hat. Sie habens mir nicht ganz geglaubt, aber sie haben keine Marketender beim Regiment. So haben sie ein Aug zugedrückt. Vielleicht schlägts sogar zum Guten aus. Wir sind gefangen, aber so wie die Laus im Pelz.

DER FELDPREDIGER Die Milch ist gut. Was die Quantitäten betrifft, werden wir unsere schwedischen Appetite ja jetzt etwas einschränken müssen. Wir sind eben besiegt.

MUTTER COURAGE Wer ist besiegt? Die Sieg und Niederlagen der Großkopfigen oben und der von unten fallen nämlich nicht immer zusammen, durchaus nicht. Es gibt sogar Fälle, wo die Niederlag für die Untern eigentlich ein Gewinn ist für sie. Die Ehr ist verloren, aber nix sonst. Ich erinner mich, einmal im Livländischen hat unser Feldhauptmann solche Dresche vom Feind eingesteckt, daß ich in der Verwirrung sogar einen Schimmel aus der Bagage gekriegt hab, der hat mir den Wagen sieben Monat lang gezogen, bis wir gesiegt haben und Revision war. Im allgemeinen kann man sagen, daß uns gemeinen Leuten Sieg und Niederlag teuer zu stehn kommen. Das beste für uns ist, wenn die Politik nicht recht vom Fleck kommt. *Zu Schweizerkas:* Iß!

SCHWEIZERKAS Mir schmeckts nicht. Wie soll der Feldwebel den Sold auszahlen?

MUTTER COURAGE Auf der Flucht wird kein Sold ausgezahlt.

SCHWEIZERKAS Doch, sie haben Anspruch. Ohne Sold brauchen sie nicht flüchten. Sie müssen keinen Schritt machen.

MUTTER COURAGE Schweizerkas, deine Gewissenhaftigkeit macht mir fast Angst. Ich hab dir beigebracht, du sollst redlich sein, denn klug bist du nicht, aber es muß seine Grenzen haben. Ich geh jetzt mit dem Feldprediger eine katholische Fahn einkaufen und Fleisch. So wie der kann keiner Fleisch aussuchen, wie im Schlafwandel, so sicher. Ich glaub, er merkts gute Stückl dran, daß ihm unwillkürlich das Wasser im Maul zusammenläuft. Nur gut, daß sie mir meinen Handel erlauben. Ein Händler wird nicht nach dem Glauben gefragt, sondern nach dem Preis. Und evangelische Hosen halten auch warm.

DER FELDPREDIGER Wie der Bettelmönch gesagt hat, wie davon die Red war, daß die Lutherischen alles auf den Kopf stelln werden in Stadt und Land: Bettler wird man immer brauchen. *Mutter Courage verschwindet im Wagen.* Um die Schatull sorgt sie sich doch. Bisher sind wir unbemerkt geblieben, als gehörten wir alle zum Wagen, aber wie lang?

SCHWEIZERKAS Ich kann sie wegschaffen.

DER FELDPREDIGER Das ist beinah noch gefährlicher. Wenn dich einer sieht! Sie haben Spitzel. Gestern früh ist einer vor mir aufgetaucht aus dem Graben, wie ich meine Notdurft verrichtet hab. Ich erschreck und kann grad noch ein Stoßgebet zurückhalten. Das hätt mich verraten. Ich glaub, die röchen am liebsten noch am Kot, obs ein Evangelischer ist. Der Spitzel war so ein kleiner Verrecker mit einer Bind über einem Aug.

MUTTER COURAGE *mit einem Korb aus dem Wagen klet-*
ternd: Und was hab ich gefunden, du schamlose Person?
Sie hebt triumphierend rote Stöckelschuhe hoch. Die
roten Stöckelschuh der Yvette! Sie hat sie kaltblütig ge-
grapscht. Weil Sie ihr eingeredet haben, daß sie eine
einnehmende Person ist! *Sie legt sie in den Korb.* Ich
geb sie zurück. Der Yvette die Schuh stehlen! Die richt
sich zugrund fürs Geld, das versteh ich. Aber du möch-
test es umsonst, zum Vergnügen. Ich hab dirs gesagt, du
mußt warten, bis Frieden ist. Nur keinen Soldaten!
Wart du auf den Frieden mit der Hoffart!

DER FELDPREDIGER Ich find sie nicht hoffärtig.

MUTTER COURAGE Immer noch zuviel. Wenn sie ist wie
ein Stein in Dalarne, wos nix andres gibt, so daß die
Leut sagen: den Krüppel sieht man gar nicht, ist sie mir
am liebsten. Solang passiert ihr nix. *Zu Schweizerkas:*
Du läßt die Schatull, wo sie ist, hörst du. Und gib auf
deine Schwester acht, sie hats nötig. Ihr bringt mich noch
unter den Boden. Lieber einen Sack Flöh hüten.
Sie geht mit dem Feldprediger weg. Kattrin räumt das
Geschirr auf.

SCHWEIZERKAS Nicht mehr viele Tag, wo man in Hemds-
ärmeln in der Sonne sitzen kann. *Kattrin deutet auf*
einen Baum. Ja, die Blätter sind bereits gelb. *Kattrin*
fragt ihn mit Gesten, ob er trinken will. Ich trink nicht.
Ich denk nach. *Pause.* Sie sagt, sie schlaft nicht. Ich sollt
die Schatull doch wegbringen, ich hab ein Versteck aus-
gefunden. Hol mir doch ein Glas voll.
Kattrin geht hinter den Wagen.
Ich gebs in das Maulwurfsloch am Fluß, bis ichs abhol.
Ich hol sie vielleicht schon heut nacht gegen Morgen zu
ab und bring sie zum Regiment. Was können die schon
in drei Tagen weit geflüchtet sein? Der Herr Feldwebel
wird Augen machen. Du hast mich angenehm enttäuscht,

Schweizerkas, wird er sagen, ich vertrau dir die Kass
an, und du bringst sie zurück.

*Wie die Kattrin mit einem Glas voll wieder hinter dem
Wagen vorkommt, steht sie vor zwei Männern. Einer
davon ist ein Feldwebel, der zweite schwenkt den Hut
vor ihr. Er hat eine Binde über dem einen Auge.*

DER MIT DER BINDE Gott zum Gruß, liebes Fräulein. Haben
Sie hier einen vom Quartier des Zweiten Finnischen gesehn?

*Kattrin, sehr erschrocken, läuft weg, nach vorn, den
Branntwein verschüttend. Die beiden sehen sich an und
ziehen sich zurück, nachdem sie Schweizerkas haben
sitzen sehen.*

SCHWEIZERKAS *aus seinem Nachdenken auffahrend:* Die
Hälfte hast du verschüttet. Was machst du für Faxen?
Hast du dich am Aug gestoßen? Ich versteh dich nicht.
Ich muß auch weg, ich habs beschlossen, es ist das beste.
*Er steht auf. Sie versucht alles, ihn auf die Gefahr auf-
merksam zu machen. Er wehrt sie nur ab.* Ich möcht wissen, was du meinst. Du meinsts sicher gut, armes Tier,
kannst dich nicht ausdrücken. Was solls schon machen,
daß du den Branntwein verschüttet hast, ich trink noch
manches Glas, es kommt nicht auf eins an. *Er holt aus
dem Wagen die Schatulle heraus und nimmt sie unter
den Rock.* Gleich komm ich wieder. Jetzt halt mich aber
nicht auf, sonst werd ich bös. Freilich meinst dus gut.
Wenn du reden könntest.

*Da sie ihn zurückhalten will, küßt er sie und reißt sich
los. Ab. Sie ist verzweifelt, läuft hin und her, kleine
Laute ausstoßend. Der Feldprediger und Mutter Courage kommen zurück. Kattrin bestürmt ihre Mutter.*

MUTTER COURAGE Was denn, was denn? Du bist ja ganz
auseinander. Hat dir jemand was getan? Wo ist der
Schweizerkas? Erzähls ordentlich, Kattrin. Deine Mutter

versteht dich. Was, der Bankert hat die Schatull doch weggenommen? Ich schlag sie ihm um die Ohren, dem Heimtücker. Laß dir Zeit und quatsch nicht, nimm die Händ, ich mag nicht, wenn du wie ein Hund jaulst, was soll der Feldprediger denken? Dem grausts doch. Ein Einäugiger war da?

DER FELDPREDIGER Der Einäugige, das ist ein Spitzel. Haben sie den Schweizerkas gefaßt? *Kattrin schüttelt den Kopf, zuckt die Achseln.* Wir sind aus.

MUTTER COURAGE *nimmt aus dem Korb eine katholische Fahne, die der Feldprediger an der Fahnenstange befestigt:* Ziehens die neue Fahne auf!

DER FELDPREDIGER *bitter:* Hie gut katholisch allewege.
Man hört von hinten Stimmen. Die beiden Männer bringen Schweizerkas.

SCHWEIZERKAS Laßt mich los, ich hab nix bei mir. Verrenkt mir nicht das Schulterblatt, ich bin unschuldig.

DER FELDWEBEL Der gehört hierher. Ihr kennt euch.

MUTTER COURAGE Wir? Woher?

SCHWEIZERKAS Ich kenn sie nicht. Wer weiß, wer das ist, ich hab nix mit ihnen zu schaffen. Ich hab hier ein Mittag gekauft, zehn Heller hats gekostet. Mag sein, daß ihr mich da sitzen gesehen habt, versalzen wars auch.

DER FELDWEBEL Wer seid ihr, he?

MUTTER COURAGE Wir sind ordentliche Leut. Das ist wahr, er hat hier ein Essen gekauft. Es war ihm zu versalzen.

DER FELDWEBEL Wollt ihr etwa tun, als kennt ihr ihn nicht?

MUTTER COURAGE Wie soll ich ihn kennen? Ich kenn nicht alle. Ich frag keinen, wie er heißt und ob er ein Heid ist; wenn er zahlt, ist er kein Heid. Bist du ein Heid?

SCHWEIZERKAS Gar nicht.

DER FELDPREDIGER Er ist ganz ordentlich gesessen und hat

das Maul nicht aufgemacht, außer wenn er gegessen hat. Und dann muß er.

DER FELDWEBEL Und wer bist du?

MUTTER COURAGE Das ist nur mein Schankknecht. Und ihr seid sicher durstig, ich hol euch ein Glas Branntwein, ihr seid sicher gerannt und erhitzt.

DER FELDWEBEL Keinen Branntwein im Dienst. *Zum Schweizerkas:* Du hast was weggetragen. Am Fluß mußt dus versteckt haben. Der Rock ist dir so herausgestanden, wie du von hier weg bist.

MUTTER COURAGE Wars wirklich d e r ?

SCHWEIZERKAS Ich glaub, ihr meint einen andern. Ich hab einen springen gesehn, dem ist der Rock abgestanden. Ich bin der falsche.

MUTTER COURAGE Ich glaub auch, es ist ein Mißverständnis, das kann vorkommen. Ich kenn mich aus auf Menschen, ich bin die Courage, davon habt ihr gehört, mich kennen alle, und ich sag euch, der sieht redlich aus.

DER FELDWEBEL Wir sind hinter der Regimentskass vom Zweiten Finnischen her. Und wir wissen, wie der ausschaut, der sie in Verwahrung hat. Wir haben ihn zwei Tag gesucht. Du bists.

SCHWEIZERKAS Ich bins nicht.

DER FELDWEBEL Und wenn du sie nicht rausrückst, bist du hin, das weißt du. Wo ist sie?

MUTTER COURAGE *dringlich:* Er würde sie doch herausgeben, wenn er sonst hin wär. Auf der Stell würd er sagen, ich hab sie, da ist sie, ihr seid die Stärkeren. So dumm ist er nicht. Red doch, du dummer Hund, der Herr Feldwebel gibt dir eine Gelegenheit.

SCHWEIZERKAS Wenn ich sie nicht hab!

DER FELDWEBEL Dann komm mit. Wir werdens herausbringen.

Sie führen ihn ab.

MUTTER COURAGE *ruft nach:* Er würds sagen. So dumm ist
er nicht. Und renkt ihm nicht das Schulterblatt aus!
Läuft ihnen nach.
Am selben Abend. Der Feldprediger und die stumme
Kattrin spülen Gläser und putzen Messer.
DER FELDPREDIGER Solche Fäll, wos einen erwischt, sind in
der Religionsgeschicht nicht unbekannt. Ich erinner an
die Passion von unserm Herrn und Heiland. Da gibts
ein altes Lied darüber. *Er singt das Horenlied:*

In der ersten Tagesstund
Ward der Herr bescheiden
Als ein Mörder dargestellt
Pilatus dem Heiden.

Der ihn unschüldig fand
Ohn Ursach des Todes
In derhalben von sich sandt
Zum König Herodes.

Umb drei ward der Gottessohn
Mit Geißeln geschmissen
Ihm sein Haupt mit einer Kron
Von Dornen zurrissen!

Gekleidet zu Hohn und Spott
Ward er es geschlagen
Und das Kreuz zu seinem Tod
Mußt er selber tragen.

Umb sechs ward er nackt und bloß
An das Kreuz geschlagen
An dem er sein Blut vergoß.
Betet mit Wehklagen.

Die Zuseher spotten sein
Auch die bei ihm hingen
Bis die Sonn auch ihren Schein
Entzog solchen Dingen.

Jesus schrie zur neunden Stund
Klaget sich verlassen
Bald ward Gall in seinen Mund
Mit Essig gelassen.

Da gab er auf seinen Geist
Und die Erd erbebet
Des Tempels Vorhang zerreißt
Mancher Fels zerklübet.

Da hat man zur Vesperzeit
Der Schechr Bein zerbrochen
Ward Jesus in seine Seit
Mit eim Speer gestochen.

Doraus Blut und Wasser ran
Sie machtens zum Hohne
Solches stellen sie uns an
Mit dem Menschensohne.

MUTTER COURAGE *kommt aufgeregt:* Es ist auf Leben und
Tod. Aber der Feldwebel soll mit sich sprechen lassen.
Nur, wir dürfen nicht aufkommen lassen, daß er unser
Schweizerkas ist, sonst haben wir ihn begünstigt. Es ist
nur eine Geldsach. Aber wo nehmen wir das Geld her?
War die Yvette nicht da? Ich hab sie unterwegs getrof-
fen, sie hat schon einen Obristen aufgegabelt, vielleicht
kauft ihr der einen Marketenderhandel.

DER FELDPREDIGER Wollen Sie wirklich verkaufen?

MUTTER COURAGE Woher soll ich das Geld für den Feldwebel nehmen?

DER FELDPREDIGER Und wovon wollens leben?

MUTTER COURAGE Das ist es.

Yvette Pottier kommt mit einem uralten Obristen.

YVETTE *umarmt Mutter Courage:* Liebe Courage, daß wir uns so schnell wiedersehen! *Flüsternd:* Er ist nicht abgeneigt. *Laut:* Das ist mein guter Freund, der mich berät im Geschäftlichen. Ich hör nämlich zufällig, Sie wollen Ihren Wagen verkaufen, umständehalber. Ich würd reflektieren.

MUTTER COURAGE Verpfänden, nicht verkaufen, nur nix Vorschnelles, so ein Wagen kauft sich nicht leicht wieder in Kriegszeiten.

YVETTE *enttäuscht:* Nur verpfänden, ich dacht verkaufen. Ich weiß nicht, ob ich da Interesse hab. *Zum Obristen:* Was meinst du?

DER OBRIST Ganz deiner Meinung, Liebe.

MUTTER COURAGE Er wird nur verpfändet.

YVETTE Ich dachte, Sie müssen das Geld haben.

MUTTER COURAGE *fest:* Ich muß das Geld haben, aber lieber lauf ich mir die Füße in den Leib nach einem Angebot, als daß ich gleich verkauf. Warum, wir leben von dem Wagen. Es ist eine Gelegenheit für dich, Yvette, wer weiß, wann du so eine wiederfindest und einen lieben Freund hast, der dich berät, ists nicht so?

YVETTE Ja, mein Freund meint, ich sollt zugreifen, aber ich weiß nicht. Wenns nur verpfändet ist ... du meinst doch auch, wir sollten gleich kaufen?

DER OBRIST Ich meins auch.

MUTTER COURAGE Da mußt du dir was aussuchen, was zu verkaufen ist, vielleicht findest dus; wenn du dir Zeit läßt, und dein Freund geht herum mit dir, sagen wir eine Woche oder zwei Wochen, könntest du was Geeignetes finden.

YVETTE Dann können wir ja suchen gehn, ich geh gern herum und such mir was aus, ich geh gern mit dir herum, Poldi, das ist ein reines Vergnügen nicht? Und wenns zwei Wochen dauert! Wann wollen Sie denn zurückzahlen, wenn Sie das Geld kriegen?

MUTTER COURAGE In zwei Wochen kann ich zurückzahlen, vielleicht in einer.

YVETTE Ich bin mir nicht schlüssig, Poldi, Chéri, berat mich. *Sie nimmt den Obristen auf die Seite.* Ich weiß, sie muß verkaufen, da hab ich keine Sorg. Und der Fähnrich, der blonde, du kennst ihn, will mirs Geld gern borgen. Der ist verschossen in mich, er sagt, ich erinner ihn an jemand. Was rätst du mir?

DER OBRIST Ich warn dich vor dem. Das ist kein Guter. Der nützts aus. Ich hab dir gesagt, ich kauf dir was, nicht, Haserl?

YVETTE Ich kanns nicht annehmen von dir. Freilich, wenn du meinst, der Fähnrich könnts ausnützen. Poldi, ich nehms von dir an.

DER OBRIST Das mein ich.

YVETTE Rätst dus mir?

DER OBRIST Ich rats dir.

YVETTE *zurück zur Courage:* Mein Freund täts mir raten. Schreiben Sie mir eine Quittung aus und daß der Wagen mein ist, wenn die zwei Wochen um sind, mit allem Zubehör, wir gehens gleich durch, die zweihundert Gulden bring ich später. *Zum Obristen:* Da mußt du voraus ins Lager gehn, ich komm nach, ich muß alles durchgehen, damit nix wegkommt aus meinem Wagen. *Sie küßt ihn. Er geht weg. Sie klettert auf den Wagen:* Stiefel sinds aber wenige.

MUTTER COURAGE Yvette, jetzt ist keine Zeit, deinen

Wagen durchzugehen, wenns deiner ist. Du hast mir versprochen, daß du mit dem Feldwebel redest wegen meinem Schweizerkas, da ist keine Minut zu verlieren, ich hör, in einer Stunde kommt er vors Feldgericht.

YVETTE Nur noch die Leinenhemden möcht ich nachzählen.

MUTTER COURAGE *zieht sie am Rock herunter:* Du Hyänenvieh, es geht um Schweizerkas. Und kein Wort, von wem das Angebot kommt, tu, als seis dein Liebster in Gottes Namen, sonst sind wir alle hin, weil wir ihm Vorschub geleistet haben.

YVETTE Ich hab den Einäugigen ins Gehölz bestellt, sicher, er ist schon da.

DER FELDPREDIGER Und es müssen nicht gleich die ganzen zweihundert sein, geh bis hundertfünfzig, das reicht auch.

MUTTER COURAGE Ists Ihr Geld? Ich bitt mir aus, daß Sie sich draußen halten. Sie werden Ihre Zwiebelsupp schon kriegen. Lauf und handel nicht herum, es geht ums Leben.

Sie schiebt Yvette weg.

DER FELDPREDIGER Ich wollt Ihnen nix dreinreden, aber wovon wolln wir leben? Sie haben eine erwerbsunfähige Tochter aufm Hals.

MUTTER COURAGE Ich rechn mit der Regimentskass, Sie Siebengescheiter. Die Spesen werden sie ihm doch wohl bewilligen.

DER FELDPREDIGER Aber wird sies richtig ausrichten?

MUTTER COURAGE Sie hat doch ein Interesse daran, daß ich ihre zweihundert ausgeb und sie den Wagen bekommt. Sie ist scharf drauf, wer weiß, wie lang ihr Obrist bei der Stange bleibt. Kattrin, du putzt die Messer, nimm Bimsstein. Und Sie, stehn Sie auch nicht herum wie Jesus am Ölberg, tummeln Sie sich, waschen Sie die Gläser aus, abends kommen mindestens fünfzig Reiter, und dann hör ich wieder: »Ich bin das Laufen nicht gewohnt, meine Füß, beir Andacht renn ich nicht.« Ich denk, sie werden ihn uns herausgeben. Gott sei Dank sind sie bestechlich. Sie sind doch keine Wölf, sondern Menschen und auf Geld aus. Die Bestechlichkeit ist bei die Menschen dasselbe wie beim lieben Gott die Barmherzigkeit. Bestechlichkeit ist unsre einzige Aussicht. Solangs die gibt, gibts milde Urteilssprüch, und sogar der Unschuldige kann durchkommen vor Gericht.

YVETTE *kommt schnaufend:* Sie wollens nur machen für zweihundert. Und es muß schnell gehn. Sie habens nimmer lang in der Hand. Ich geh am besten sofort mit dem Einäugigen zu meinem Obristen. Er hat gestanden, daß er die Schatull gehabt hat, sie haben ihm die Daumenschrauben angelegt. Aber er hat sie in Fluß geschmissen, wie er gemerkt hat, daß sie hinter ihm her sind. Die Schatull ist futsch. Soll ich laufen und von meinem Obristen das Geld holen?

MUTTER COURAGE Die Schatull ist futsch? Wie soll ich da meine zweihundert wiederkriegen?

YVETTE Ach, Sie haben geglaubt, Sie können aus der Schatull nehmen? Da wär ich ja schön hereingelegt worden. Machen Sie sich keine Hoffnung. Sie müssens schon zahln, wenn Sie den Schweizerkas zurückhaben wolln, oder vielleicht soll ich jetzt die ganze Sach liegenlassen, damit Sie Ihren Wagen behalten können?

MUTTER COURAGE Damit hab ich nicht gerechnet. Du brauchst nicht drängen, du kommst schon zum Wagen, er ist schon weg, ich hab ihn siebzehn Jahr gehabt. Ich muß nur einen Augenblick überlegen, es kommt ein bissel schnell, was mach ich, zweihundert kann ich nicht geben, du hättest doch abhandeln solln. Etwas muß ich in der Hand haben, sonst kann mich jeder Beliebige in den Straßengraben schubsen. Geh und sag, ich geb hundertzwanzig Gulden, sonst wird nix draus, da verlier ich auch schon den Wagen.

YVETTE Sie werdens nicht machen. Der Einäugige ist sowieso in Eil und schaut immer hinter sich, so aufgeregt ist er. Soll ich nicht lieber die ganzen zweihundert geben?

MUTTER COURAGE *verzweifelt:* Ich kanns nicht geben. Dreißig Jahr hab ich gearbeitet. Die ist schon fünfundzwanzig und hat noch kein Mann. Ich hab die auch noch. Dring nicht in mich, ich weiß, was ich tu. Sag hundertzwanzig, oder es wird nix draus.

YVETTE Sie müssens wissen. *Schnell ab.*

Mutter Courage sieht weder den Feldprediger noch ihre Tochter an und setzt sich, Kattrin beim Messerputzen zu helfen.

MUTTER COURAGE Zerbrechen Sie nicht die Gläser, es sind nimmer unsre. Schau auf deine Arbeit, du schneidst dich. Der Schweizerkas kommt zurück, ich geb auch zweihundert, wenns nötig ist. Dein Bruder kriegst du. Mit achtzig Gulden können wir eine Hucke mit Waren vollpacken und von vorn anfangen. Es wird überall mit Wasser gekocht.

DER FELDPREDIGER Der Herr wirds zum Guten lenken, heißt es.

MUTTER COURAGE Trocken sollen Sie sie reiben. *Sie putzen schweigend Messer. Kattrin läuft plötzlich schluchzend hinter den Wagen.*

YVETTE *kommt gelaufen:* Sie machens nicht. Ich hab Sie gewarnt. Der Einäugige hat gleich weggehn wolln, weil es keinen Wert hat. Er hat gesagt, er erwartet jeden Augenblick, daß die Trommeln gerührt werden, dann ist das Urteil gesprochen. Ich hab hundertfünfzig geboten. Er hat nicht einmal mit den Achseln gezuckt. Mit Müh und Not ist er dageblieben, daß ich noch einmal mit Ihnen sprech.

MUTTER COURAGE Sag ihm, ich geb die zweihundert. Lauf. *Yvette läuft weg. Sie sitzen schweigend. Der Feldprediger hat aufgehört, die Gläser zu putzen. Von weit her hört man Trommeln.* Mir scheint, ich hab zu lang gehandelt.

Der Feldprediger steht auf und geht nach hinten. Mutter Courage bleibt sitzen. Es wird dunkel. Das Trommeln hört auf. Es wird wieder hell. Mutter Courage sitzt unverändert.

YVETTE *taucht auf, sehr bleich:* Jetzt haben Sies geschafft mitn Handel und daß Sie Ihren Wagen behalten. Elf Kugeln hat er gekriegt, sonst nix. Sie verdienens nicht, daß ich mich überhaupt noch um Sie kümmer. Aber ich hab aufgeschnappt, daß sie nicht glauben, die Kass ist wirklich im Fluß. Sie haben einen Verdacht, sie ist hier, überhaupt, daß Sie eine Verbindung mit ihm gehabt haben. Sie wolln ihn herbringen, ob Sie sich verraten, wenn Sie ihn sehn. Ich warn Sie, daß Sie ihn nicht kennen, sonst seid ihr alle dran. Sie sind dicht hinter mir, besser, ich sags gleich. Soll ich die Kattrin weghalten? *Mutter Courage schüttelt den Kopf.* Weiß sies? Sie hat vielleicht nix gehört von Trommeln oder nicht verstanden.

MUTTER COURAGE Sie weiß. Hol sie.

Yvette holt Kattrin, welche zu ihrer Mutter geht und neben ihr stehenbleibt. Mutter Courage nimmt sie bei der Hand. Zwei Landsknechte kommen mit einer Bahre, auf der unter einem Laken etwas liegt. Nebenher geht der Feldwebel. Sie setzen die Bahre nieder.

DER FELDWEBEL Da ist einer, von dem wir nicht seinen Namen wissen. Er muß aber notiert werden, daß alles in Ordnung geht. Bei dir hat er eine Mahlzeit genommen. Schau ihn dir an, ob du ihn kennst. *Er nimmt das Laken weg.* Kennst du ihn? *Mutter Courage schüttelt den Kopf.* Was, du hast ihn nie gesehn, vor er bei dir eine Mahlzeit genommen hat? *Mutter Courage schüttelt den Kopf.* Hebt ihn auf. Gebt ihn auf den Schindanger. Er hat keinen, der ihn kennt.

Sie tragen ihn weg.

4

MUTTER COURAGE SINGT DAS LIED VON DER GROSSEN KAPI-
TULATION.

Vor einem Offizierszelt

*Mutter Courage wartet. Ein Schreiber schaut aus dem
Zelt.*

DER SCHREIBER Ich kenn Sie. Sie haben einen Zahlmeister
von die Evangelischen bei sich gehabt, wo sich verbor-
gen hat. Beschweren Sie sich lieber nicht.

MUTTER COURAGE Doch beschwer ich mich. Ich bin unschuldig, und wenn ichs zulaß, schauts aus, als ob ich ein
schlechtes Gewissen hätt. Sie haben mir alles mit die
Säbel zerfetzt im Wagen und fünf Taler Buß für nix
und wieder nix abverlangt.

DER SCHREIBER Ich rat Ihnen zum Guten, halten Sie das
Maul. Wir haben nicht viel Marketender und lassen
Ihnen Ihren Handel, besonders, wenn Sie ein schlechtes
Gewissen haben und ab und zu eine Buß zahln.

MUTTER COURAGE Ich beschwer mich.

DER SCHREIBER Wie Sie wolln. Dann warten Sie, bis der
Herr Rittmeister Zeit hat.
Zurück ins Zelt.

JUNGER SOLDAT *kommt randalierend:* Bouque la Madonne!
Wo ist der gottverdammte Hund von einem Rittmeister, wo mir das Trinkgeld unterschlagt und versaufts
mit seine Menscher? Er muß hin sein!

ÄLTERER SOLDAT *kommt nachgelaufen:* Halts Maul. Du
kommst in Stock!

JUNGER SOLDAT Komm heraus, du Dieb! Ich hau dich zu
Koteletten! Die Belohnung unterschlagen, nachdem ich

in Fluß geschwommen bin, allein vom ganzen Fähnlein, daß ich nicht einmal ein Bier kaufen kann, ich laß mirs nicht gefalln. Komm heraus, daß ich dich zerhack!

ÄLTERER SOLDAT Maria und Josef, das rennt sich ins Verderben.

MUTTER COURAGE Haben sie ihm kein Trinkgeld gezahlt?

JÜNGER SOLDAT Laß mich loß, ich renn dich mit nieder, es geht auf ein Aufwaschen.

ÄLTERER SOLDAT Er hat den Gaul vom Obristen gerettet und kein Trinkgeld bekommen. Er ist noch jung und nicht lang genug dabei.

MUTTER COURAGE Laß ihn los, er ist kein Hund, wo man in Ketten legen muß. Trinkgeld habn wolln, ist ganz vernünftig. Warum zeichnet er sich sonst aus?

JÜNGER SOLDAT Daß der sich besauft drinnen! Ihr seids nur Hosenscheißer. Ich hab was Besonderes gemacht und will mein Trinkgeld haben.

MUTTER COURAGE Junger Mensch, brüllen Sie mich nicht an. Ich hab meine eigenen Sorgen, und überhaupt, schonen Sie Ihre Stimme, Sie möchten sie brauchen, bis der Rittmeister kommt. Nachher ist er da, und Sie sind heiser und bringen keinen Ton heraus, und er kann Sie nicht in Stock schließen lassen, bis Sie schwarz sind. Solche, wo so brüllen, machen nicht lange, eine halbe Stunde, und man muß sie in Schlaf singen, so erschöpft sind sie.

JÜNGER SOLDAT Ich bin nicht erschöpft, und von schlafen ist keine Red, ich hab Hunger. Das Brot backen sie aus Eicheln und Hanfkörnern und sparn damit noch. Der verhurt mein Trinkgeld, und ich hab Hunger. Er muß hin sein.

MUTTER COURAGE Ich verstehe, Sie haben Hunger. Voriges Jahr hat euer Feldhauptmann euch von die Straßen runterkommandiert und quer über die Felder, damit das

Korn niedergetrampelt würd, ich hätt für Stiefel zehn Gulden kriegen können, wenn einer zehn Gulden hätt ausgeben können und ich Stiefel gehabt hätt. Er hat geglaubt, er ist nicht mehr in der Gegend dies Jahr, aber jetzt ist er doch noch da, und der Hunger ist groß. Ich versteh, daß Sie einen Zorn haben.

JUNGER SOLDAT Ich leids nicht, reden Sie nicht, ich vertrag keine Ungerechtigkeit.

MUTTER COURAGE Da haben Sie recht, aber wie lang? Wie lang vertragen Sie keine Ungerechtigkeit? Eine Stund oder zwei? Sehen Sie, das haben Sie sich nicht gefragt, obwohls die Hauptsach ist, warum, im Stock ists ein Elend, wenn Sie entdecken, jetzt vertragen Sies Unrecht plötzlich.

JUNGER SOLDAT Ich weiß nicht, warum ich Ihnen zuhör. Bouque la Madonne! Wo ist der Rittmeister?

MUTTER COURAGE Sie hören mir zu, weil Sie schon wissen, was ich Ihnen sag, daß Ihre Wut schon verraucht ist, es ist nur eine kurze gewesen, und Sie brauchen eine lange, aber woher nehmen?

JUNGER SOLDAT Wollen Sie etwa sagen, wenn ich das Trinkgeld verlang, das ist nicht billig?

MUTTER COURAGE Im Gegenteil. Ich sag nur, Ihre Wut ist nicht lang genug, mit der können Sie nix ausrichten, schad. Wenn Sie eine lange hätten, möcht ich Sie noch aufhetzen. Zerhacken Sie den Hund, möcht ich Ihnen dann raten, aber was, wenn Sie ihn dann gar nicht zerhacken, weil Sie schon spüren, wie Sie den Schwanz einziehn. Dann steh ich da, und der Rittmeister hält sich an mich.

ÄLTERER SOLDAT Sie haben ganz recht, er hat nur einen Rappel.

JUNGER SOLDAT So, das will ich sehn, ob ich ihn nicht zerhack. *Er zieht sein Schwert.* Wenn er kommt, zerhack ich ihn.

DER SCHREIBER *guckt heraus:* Der Herr Rittmeister kommt
gleich. Hinsetzen.
Der junge Soldat setzt sich hin.
MUTTER COURAGE Er sitzt schon. Sehn Sie, was hab ich
gesagt. Sie sitzen schon. Ja, die kennen sich aus in uns
und wissen, wie sies machen müssen. Hinsetzen! und
schon sitzen wir. Und im Sitzen gibts kein Aufruhr.
Stehen Sie lieber nicht wieder auf, so wie Sie vorhin
gestanden haben, stehen Sie jetzt nicht wieder. Vor mir
müssen Sie sich nicht genieren, ich bin nicht besser, was
nicht gar. Uns haben sie allen unsre Schneid abgekauft.
Warum, wenn ich aufmuck, möchts das Geschäft schä-
digen. Ich werd Ihnen was erzählen von der großen
Kapitulation. *Sie singt das Lied von der großen Kapitulation:*

Einst, im Lenze meiner jungen Jahre
Dacht auch ich, daß ich was ganz Besondres bin.

(Nicht wie jede beliebige Häuslertochter, mit meinem
Aussehn und Talent und meinem Drang nach Höherem!)

Und bestellte meine Suppe ohne Haare
Und von mir, sie hattens kein Gewinn.

(Alles oder nix, jedenfalls nicht den Nächstbesten, jeder
ist seines Glückes Schmied, ich laß mir keine Vorschriften
machen!)

Doch vom Dach ein Star
Pfiff: wart paar Jahr!
    Und du marschierst in der Kapell
    Im Gleichschritt, langsam oder schnell
    Und bläsest deinen kleinen Ton:

Jetzt kommt er schon.
Und jetzt das Ganze schwenkt!
Der Mensch denkt: Gott lenkt.
Keine Red davon!

Und bevor das Jahr war abgefahren
Lernte ich zu schlucken meine Medizin.

(Zwei Kinder aufm Hals und bei dem Brotpreis und
was alles verlangt wird!)

Als sie einmal mit mir fix und fertig waren
Hatten sie mich auf dem Arsch und auf den Knien.

(Man muß sich stelln mit den Leuten, eine Hand wäscht
die andre, mit dem Kopf kann man nicht durch die
Wand.)

Und vom Dach der Star
Pfiff: noch kein Jahr!
   Und sie marschiert in der Kapell
   Im Gleichschritt, langsam oder schnell
   Und bläset ihren kleinen Ton:
   Jetzt kommt er schon.
   Und jetzt das Ganze schwenkt!
   Der Mensch denkt: Gott lenkt.
   Keine Red davon!

Viele sah ich schon den Himmel stürmen
Und kein Stern war ihnen groß und weit genug.

(Der Tüchtige schafft es, wo ein Wille ist, ist ein Weg,
wir werden den Laden schon schmeißen.)

Doch sie fühlten bald beim Berg-auf-Berge-Türmen
Wie doch schwer man schon an einem Strohhut trug.

(Man muß sich nach der Decke strecken!)

Und vom Dach der Star
Pfeift: wart paar Jahr!
  Und sie marschiern in der Kapell
  Im Gleichschritt, langsam oder schnell
  Und blasen ihren kleinen Ton:
  Jetzt kommt er schon.
  Und jetzt das Ganze schwenkt!
  Der Mensch denkt: Gott lenkt.
  Keine Red davon!

Mutter Courage zu dem jungen Soldaten:

Darum denk ich, du solltest dableiben mitn offnen
Schwert, wenns dir wirklich danach ist und dein Zorn
ist groß genug, denn du hast einen guten Grund, das
geb ich zu, aber wenn dein Zorn ein kurzer ist, geh lieber gleich weg!

JUNGER SOLDAT Leck mich am Arsch! *Er stolpert weg, der
ältere ihm nach.*

DER SCHREIBER *steckt den Kopf heraus:* Der Rittmeister
ist gekommen. Jetzt können Sie sich beschweren.

MUTTER COURAGE Ich habs mir anders überlegt. Ich beschwer mich nicht. *Ab.*

5

ZWEI JAHRE SIND VERGANGEN. DER KRIEG ÜBERZIEHT IMMER
WEITERE GEBIETE. AUF RASTLOSEN FAHRTEN DURCHQUERT
DER KLEINE WAGEN DER COURAGE POLEN, MÄHREN, BAYERN,
ITALIEN UND WIEDER BAYERN. 1631 TILLYS SIEG BEI MAGDE-
BURG KOSTET MUTTER COURAGE VIER OFFIZIERSHEMDEN.

*Mutter Courages Wagen steht in einem zerschossenen
Dorf*

*Von weit her dünne Militärmusik. Zwei Soldaten am
Schanktisch, von Kattrin und Mutter Courage bedient.
Der eine hat einen Damenpelzmantel umgehängt.*

MUTTER COURAGE Was, zahlen kannst du nicht? Kein
Geld, kein Schnaps. Siegesmärsche spielen sie auf, aber
den Sold zahlen sie nicht aus.

SOLDAT Meinen Schnaps will ich. Ich bin zu spät zum
Plündern gekommen. Der Feldhauptmann hat uns be
schissen und die Stadt nur für eine Stunde zum Plündern freigegeben. Er ist kein Unmensch, hat er gesagt;
die Stadt muß ihm was gezahlt haben.

DER FELDPREDIGER *kommt gestolpert:* In dem Hof da liegen noch welche. Die Bauernfamilie. Hilf mir einer. Ich
brauch Leinen.

Der zweite Soldat geht mit ihm weg.

*Kattrin gerät in große Erregung und versucht, ihre Mut-
ter zur Herausgabe von Leinen zu bringen.*

MUTTER COURAGE Ich hab keins. Meine Binden hab ich
ausverkauft beim Regiment. Ich zerreiß für die nicht
meine Offiziershemden.

DER FELDPREDIGER *zurückrufend:* Ich brauch Leinen, sag
ich.

MUTTER COURAGE *Kattrin den Eintritt in den Wagen ver-*

wehrend, indem sie sich auf die Treppe setzt: Ich gib nix.
Die zahlen nicht, warum, die haben nix.

DER FELDPREDIGER *über einer Frau, die er hergetragen hat:*
Warum seid ihr dageblieben im Geschützfeuer?

DIE BAUERSFRAU *schwach:* Hof.

MUTTER COURAGE Die und weggehen von was! Aber jetzt
soll ich herhalten. Ich tus nicht.

ERSTER SOLDAT Das sind Evangelische. Warum müssen sie
evangelisch sein?

MUTTER COURAGE Die pfeifen dir aufn Glauben. Denen ist
der Hof hin.

ZWEITER SOLDAT Die sind gar nicht evangelisch. Die sind
selber katholisch.

ERSTER SOLDAT Wir können sie nicht herausklauben bei
der Beschießung.

EIN BAUER *den der Feldprediger bringt:* Mein Arm ist hin.

DER FELDPREDIGER Wo ist das Leinen?

Alle sehen auf Mutter Courage, die sich nicht rührt.

MUTTER COURAGE Ich kann nix geben. Mit all die Ab-
gaben, Zöll, Zins und Bestechungsgelder! *Kattrin hebt,
Gurgellaute ausstoßend, eine Holzplanke auf und bedroht ihre Mutter damit.* Bist du übergeschnappt? Leg
das Brett weg, sonst schmier ich dir eine, Krampen! Ich
gib nix, ich mag nicht, ich muß an mich selber denken.
*Der Feldprediger hebt sie von der Wagentreppe auf und
setzt sie auf den Boden; dann kramt er Hemden heraus
und reißt sie in Streifen.* Meine Hemden! Das Stück zu
einem halben Gulden! Ich bin ruiniert!

Aus dem Hause kommt eine schmerzliche Kinderstimme.

DER BAUER Das Kleine ist noch drin! *Kattrin rennt hinein.*

DER FELDPREDIGER *zur Frau:* Bleib liegen! Es wird schon
herausgeholt.

MUTTER COURAGE Haltet sie zurück, das Dach kann ein-
fallen.

DER FELDPREDIGER Ich geh nicht mehr hinein.

MUTTER COURAGE *hin und hergerissen:* Aasens nicht mit meinem teuren Leinen!

Der zweite Soldat hält sie zurück. Kattrin bringt einen Säugling aus der Trümmerstätte.

Hast du glücklich wieder einen Säugling gefunden zum Herumschleppen? Auf der Stell gibst ihn der Mutter, sonst hab ich wieder einen stundenlangen Kampf, bis ich ihn dir herausgerissen hab, hörst du nicht? *Zum zweiten Soldaten:* Glotz nicht, geh lieber dort hinter und sag ihnen, sie sollen mit der Musik aufhören, ich seh hier, daß sie gesiegt haben. Ich hab nur Verluste von eure Sieg.

DER FELDPREDIGER *beim Verbinden:* Das Blut kommt durch.

Kattrin wiegt den Säugling und lallt ein Wiegenlied.

MUTTER COURAGE Da sitzt sie und ist glücklich in all dem Jammer, gleich gibst es weg, die Mutter kommt schon zu sich. *Sie entdeckt den ersten Soldaten, der sich über die Getränke hergemacht hat und jetzt mit der Flasche wegwill.* Pschagreff! Du Vieh, willst du noch weitersiegen? Du zahlst.

ERSTER SOLDAT Ich hab nix.

MUTTER COURAGE *reißt ihm den Pelzmantel ab:* Dann laß den Mantel da, der ist sowieso gestohlen.

DER FELDPREDIGER Es liegt noch einer drunter.

6

VOR DER STADT INGOLSTADT IN BAYERN WOHNT DIE COU-
RAGE DEM BEGRÄBNIS DES GEFALLENEN KAISERLICHEN FELD-
HAUPTMANNS TILLY BEI. ES FINDEN GESPRÄCHE ÜBER
KRIEGSHELDEN UND DIE DAUER DES KRIEGES STATT. DER
FELDPREDIGER BEKLAGT, DASS SEINE TALENTE BRACHLIEGEN,
UND DIE STUMME KATTRIN BEKOMMT DIE ROTEN SCHUHE.
MAN SCHREIBT DAS JAHR 1632.

Im Innern eines Marketenderzeltes

*Mit einem Ausschank nach hinten zu. Regen. In der
Ferne Trommeln und Trauermusik.*
*Der Feldprediger und der Regimentsschreiber spielen
ein Brettspiel. Mutter Courage und ihre Tochter machen
Inventur.*

DER FELDPREDIGER Jetzt setzt sich der Trauerzug in Be-
wegung.
MUTTER COURAGE Schad um den Feldhauptmann – zwei-
undzwanzig Paar von die Socken –, daß er gefalln ist,
heißt es, war ein Unglücksfall. Es war Nebel auf der
Wiesen, der war schuld. Der Feldhauptmann hat noch
einem Regiment zugerufen, sie solln todesmutig kämp-
fen, und ist zurückgeritten, in dem Nebel hat er sich
aber in der Richtung geirrt, so daß er nach vorn war
und er mitten in der Schlacht eine Kugel erwischt hat –
nur noch vier Windlichter zurück. *Von hinten ein Pfiff.*
Sie geht zum Ausschank. Eine Schand, daß ihr euch vom
Begräbnis von eurem toten Feldhauptmann drückt! *Sie
schenkt aus.*
DER SCHREIBER Man hätts Geld nicht vorm Begräbnis auszahln solln. Jetzt besaufen sie sich, anstatt daß sie zum
Begräbnis gehen.

DER FELDPREDIGER *zum Schreiber:* Müssen Sie nicht zum Begräbnis?

DER SCHREIBER Ich hab mich gedrückt, wegn Regen.

MUTTER COURAGE Bei Ihnen ists was anderes, Ihnen möchts die Uniform verregnen. Es heißt, sie haben ihm natürlich die Glocken läuten wollen zum Begräbnis, aber es hat sich herausgestellt, daß die Kirchen weggeschossen waren auf seinen Befehl, so daß der arme Feldhauptmann keine Glocken hören wird, wenn sie ihn hinabsenken. Anstatt dem wolln sie drei Kanonenschüsse abfeuern, daß es nicht gar zu nüchtern wird – siebzehn Leibriemen.

RUFE VOM AUSSCHANK Wirtschaft! Ein Branntwein!

MUTTER COURAGE Ersts Geld! Nein, herein kommt ihr mir nicht mit euren Dreckstiefeln in mein Zelt! Ihr könnt draußen trinken, Regen hin, Regen her. *Zum Schreiber:* Ich laß nur die Chargen herein. Der Feldhauptmann hat die letzte Zeit Sorgen gehabt, hör ich. Im Zweiten Regiment solls Unruhen gegeben haben, weil er keinen Sold ausgezahlt, sondern gesagt hat, es ist ein Glaubenskrieg, sie müssens ihm umsonst tun. *Trauermarsch. Alle sehen nach hinten.*

DER FELDPREDIGER Jetzt defilierens vor der hohen Leich.

MUTTER COURAGE Mir tut so ein Feldhauptmann oder Kaiser leid, er hat sich vielleicht gedacht, er tut was übriges und was, wovon die Leute reden, noch in künftigen Zeiten, und kriegt ein Standbild, zum Beispiel er erobert die Welt, das ist ein großes Ziel für einen Feldhauptmann, er weiß es nicht besser. Kurz, er rackert sich ab, und dann scheiterts am gemeinen Volk, was vielleicht ein Krug Bier will und ein bissel Gesellschaft, nix Höheres. Die schönsten Plän sind schon zuschanden geworden durch die Kleinlichkeit von denen, wo sie ausführen sollten, denn die Kaiser selber können ja nix machen, sie sind angewiesen auf die Unterstützung von ihre Soldaten und dem Volk, wo sie grad sind, hab ich recht?

DER FELDPREDIGER *lacht:* Courage, ich geb Ihnen recht, bis auf die Soldaten. Die tun, was sie können. Mit denen da draußen zum Beispiel, die ihren Branntwein im Regen saufen, getrau ich mich hundert Jahr einen Krieg nach dem andern zu machen und zwei auf einmal, wenns sein muß, und ich bin kein gelernter Feldhauptmann.

MUTTER COURAGE Dann meinen Sie nicht, daß der Krieg ausgehn könnt?

DER FELDPREDIGER Weil der Feldhauptmann hin ist? Sein Sie nicht kindisch. Solche finden sich ein Dutzend, Helden gibts immer.

MUTTER COURAGE Sie, ich frag Sie das nicht nur aus Hetz, sondern weil ich mir überleg, ob ich Vorrät einkaufen soll, was grad billig zu haben sind, aber wenn der Krieg ausgeht, kann ich sie dann wegschmeißen.

DER FELDPREDIGER Ich versteh, daß Sies ernst meinen. Es hat immer welche gegeben, die gehn herum und sagen: »Einmal hört der Krieg auf.« Ich sag: daß der Krieg einmal aufhört, ist nicht gesagt. Es kann natürlich zu einer kleinen Paus kommen. Der Krieg kann sich verschnaufen müssen, ja, er kann sogar sozusagen verunglücken. Davor ist er nicht gesichert, es gibt ja nix Vollkommenes allhier auf Erden. Einen vollkommenen Krieg, wo man sagen könnt: an dem ist nix mehr auszusetzen, wirds vielleicht nie geben. Plötzlich kann er ins Stocken kommen, an was Unvorhergesehenem, an alles kann kein Mensch denken. Vielleicht ein Übersehn, und das Schlamassel ist da. Und dann kann man den Krieg wieder aus dem Dreck ziehn! Aber die Kaiser und Könige und der Papst wird ihm zu Hilf kommen in seiner Not. So hat er im ganzen nix Ernstliches zu fürchten, und ein langes Leben liegt vor ihm.

EIN SOLDAT *singt vor der Schenke:*

Ein Schnaps, Wirt, schnell, sei g'scheit!
Ein Reiter hat kein Zeit.
Muß für sein Kaiser streiten.

Einen doppelten, heut ist Festtag!
MUTTER COURAGE Wenn ich Ihnen traun könnt . . .
DER FELDPREDIGER Denken Sie selber! Was sollt gegen den
Krieg sein?
DER SOLDAT *singt hinten:*

Dein Brust, Weib, schnell, sei g'scheit!
Ein Reiter hat kein Zeit.
Er muß gen Mähren reiten.

DER SCHREIBER *plötzlich:* Und der Frieden, was wird aus
ihm? Ich bin aus Böhmen und möcht gelegentlich heim.
DER FELDPREDIGER So, möchten Sie? Ja, der Frieden! Was
wird aus dem Loch, wenn der Käs gefressen ist?
DER SOLDAT *singt hinten:*

Trumpf aus, Kamerad, sei g'scheit!
Ein Reiter hat kein Zeit.
Muß kommen, solang sie werben.

Dein Spruch, Pfaff, schnell, sei g'scheit!
Ein Reiter hat kein Zeit.
Er muß fürn Kaiser sterben.

DER SCHREIBER Auf die Dauer kann man nicht ohne Frie-
den leben.
DER FELDPREDIGER Ich möcht sagen, den Frieden gibts im
Krieg auch, er hat seine friedlichen Stelln. Der Krieg

befriedigt nämlich alle Bedürfnis, auch die friedlichen darunter, dafür ist gesorgt, sonst möcht er sich nicht halten können. Im Krieg kannst du auch kacken wie im tiefsten Frieden, und zwischen dem einen Gefecht und dem andern gibts ein Bier, und sogar auf dem Vormarsch kannst du ein'n Nicker machen, aufn Ellbogen, das ist immer möglich, im Straßengraben. Beim Stürmen kannst du nicht Karten spielen, das kannst du beim Ackerpflügen im tiefsten Frieden auch nicht, aber nach dem Sieg gibts Möglichkeiten. Dir mag ein Bein abgeschossen werden, da erhebst du zuerst ein großes Geschrei, als wärs was, aber dann beruhigst du dich oder kriegst Schnaps, und am End hüpfst du wieder herum, und der Krieg ist nicht schlechter dran als vorher. Und was hindert dich, daß du dich vermehrst inmitten all dem Gemetzel, hinter einer Scheun oder woanders, davon bist du nie auf die Dauer abzuhalten, und dann hat der Krieg deine Sprößlinge und kann mit ihnen weiterkommen. Nein, der Krieg findet immer einen Ausweg, was nicht gar. Warum soll er aufhörn müssen?

Kattrin hat aufgehört zu arbeiten und starrt auf den Feldprediger.

MUTTER COURAGE Da kauf ich also die Waren. Ich verlaß mich auf Sie. *Kattrin schmeißt plötzlich einen Korb mit Flaschen auf den Boden und läuft hinaus.* Kattrin! *Lacht.* Jesses, die wart doch auf den Frieden. Ich hab ihr versprochen, sie kriegt einen Mann, wenn Frieden wird. *Sie läuft ihr nach.*

DER SCHREIBER *aufstehend:* Ich hab gewonnen, weil Sie geredet haben, Sie zahlen.

MUTTER COURAGE *herein mit Kattrin:* Sei vernünftig, der Krieg geht noch ein bissel weiter, und wir machen noch ein bissel Geld, da wird der Friede um so schöner. Du gehst in die Stadt, das sind keine zehn Minuten, und holst die Sachen im Goldenen Löwen, die wertvollern, die andern holn wir später mitm Wagen, es ist alles ausgemacht, der Herr Regimentsschreiber begleitet dich. Die meisten sind beim Begräbnis vom Feldhauptmann, da kann dir nix geschehn. Machs gut, laß dir nix wegnehmen, denk an deine Aussteuer!

Kattrin nimmt eine Leinwand über den Kopf und geht mit dem Schreiber.

DER FELDPREDIGER Können Sie sie mit dem Schreiber gehn lassen?

MUTTER COURAGE Sie ist nicht so hübsch, daß sie einer ruinieren möcht.

DER FELDPREDIGER Wie Sie so Ihren Handel führn und immer durchkommen, das hab ich oft bewundert. Ich verstehs, daß man Sie Courage geheißen hat.

MUTTER COURAGE Die armen Leut brauchen Courage. Warum, sie sind verloren. Schon daß sie aufstehn in der Früh, dazu gehört was in ihrer Lag. Oder daß sie einen Acker umpflügen, und im Krieg! Schon daß sie Kinder in die Welt setzen, zeigt, daß sie Courage haben, denn sie haben keine Aussicht. Sie müssen einander den Henker machen und sich gegenseitig abschlachten, wenn sie einander da ins Gesicht schaun wolln, das braucht wohl Courage. Daß sie einen Kaiser und einen Papst dulden, das beweist eine unheimliche Courage, denn die kosten ihnen das Leben. *Sie setzt sich nieder, zieht eine kleine Pfeife aus der Tasche und raucht.* Sie könnten ein bissel Kleinholz machen.

DER FELDPREDIGER *zieht widerwillig die Jacke aus und bereitet sich vor zum Kleinholzmachen:* Ich bin eigentlich Seelsorger und nicht Holzhacker.

MUTTER COURAGE Ich hab aber keine Seel. Dagegen brauch ich Brennholz.

DER FELDPREDIGER Was ist das für eine Stummelpfeif?

MUTTER COURAGE Halt eine Pfeif.

DER FELDPREDIGER Nein, nicht »halt eine«, sondern eine ganz bestimmte.

MUTTER COURAGE So?

DER FELDPREDIGER Das ist die Stummelpfeif von dem Koch vom Oxenstjerna-Regiment.

MUTTER COURAGE Wenn Sies wissen, warum fragen Sie dann erst so scheinheilig?

DER FELDPREDIGER Weil ich nicht weiß, ob Sie sich bewußt sind, daß Sie grad die rauchen. Hätt doch sein können, Sie fischen nur so in Ihren Habseligkeiten herum, und da kommt Ihnen irgendeine Stummelpfeif in die Finger, und Sie nehmen sie aus reiner Geistesabwesenheit.

MUTTER COURAGE Und warum sollts nicht so sein?

DER FELDPREDIGER Weils nicht so ist. Sie rauchen sie bewußt.

MUTTER COURAGE Und wenn ich das tät?

DER FELDPREDIGER Courage, ich warn Sie. Es ist meine Pflicht. Sie werden den Herrn kaum mehr zu Gesicht kriegn, aber das ist nicht schad, sondern Ihr Glück. Er hat mir keinen verläßlichen Eindruck gemacht. Im Gegenteil.

MUTTER COURAGE So? Er war ein netter Mensch.

DER FELDPREDIGER So, das nennen Sie einen netten Menschen? Ich nicht. Ich bin weit entfernt, ihm was Böses zu wolln, aber nett kann ich ihn nicht nennen. Eher einen Donschuan, einen raffinierten. Schauen Sie die Pfeif an, wenn Sie mir nicht glauben. Sie müssen zugeben, daß sie allerhand von seinem Charakter verrät.

MUTTER COURAGE Ich seh nix. Gebraucht ist sie.

DER FELDPREDIGER Durchgebissen ist sie halb. Ein Gewaltmensch. Das ist die Stummelpfeif von einem rücksichtslosen Gewaltmenschen, das sehn Sie dran, wenn Sie noch nicht alle Urteilskraft verloren haben.

MUTTER COURAGE Hacken Sie mir nicht meinen Hackpflock durch.

DER FELDPREDIGER Ich hab Ihnen gesagt, ich bin kein gelernter Holzhacker. Ich hab Seelsorgerei studiert. Hier werden meine Gaben und Fähigkeiten mißbraucht zu körperlicher Arbeit. Meine von Gott verliehenen Talente kommen überhaupt nicht zur Geltung. Das ist eine Sünd. Sie haben mich nicht predigen hören. Ich kann ein Regiment nur mit einer Ansprach so in Stimmung versetzen, daß es den Feind wie eine Hammelherd ansieht. Ihr Leben ist ihnen wie ein alter verstunkener Fußlappen, den sie wegwerfen in Gedanken an den Endsieg. Gott hat mir die Gabe der Sprachgewalt verliehen. Ich predig, daß Ihnen Hören und Sehen vergeht.

MUTTER COURAGE Ich möcht gar nicht, daß mir Hören und Sehen vergeht. Was tu ich da?

DER FELDPREDIGER Courage, ich hab mir oft gedacht, ob Sie mit ihrem nüchternen Reden nicht nur eine warmherzige Natur verbergen. Auch Sie sind ein Mensch und brauchen Wärme.

MUTTER COURAGE Wir kriegen das Zelt am besten warm, wenn wir genug Brennholz haben.

DER FELDPREDIGER Sie lenken ab. Im Ernst, Courage, ich frag mich mitunter, wie es wär, wenn wir unsere Beziehung ein wenig enger gestalten würden. Ich mein, nachdem uns der Wirbelsturm der Kriegszeiten so seltsam zusammengewirbelt hat.

MUTTER COURAGE Ich denk, sie ist eng genug. Ich koche Ihnens Essen, und Sie betätigen sich und machen zum Beispiel Brennholz.

DER FELDPREDIGER *tritt auf sie zu:* Sie wissen, was ich mit »enger« mein, das ist keine Beziehung mit Essen und Holzhacken und solche niedrigen Bedürfnisse. Lassen Sie Ihr Herz sprechen, verhärten Sie sich nicht.

71

MUTTER COURAGE Kommen Sie nicht mitn Beil auf mich zu. Das wär mir eine zu enge Beziehung.

DER FELDPREDIGER Ziehen Sies nicht ins Lächerliche. Ich bin ein ernster Mensch und hab mir überlegt, was ich sag.

MUTTER COURAGE Feldprediger, seien Sie gescheit. Sie sind mir sympathisch, ich möcht Ihnen nicht den Kopf waschen müssen. Auf was ich aus bin, ist, mich und meine Kinder durchbringen mit meinem Wagen. Ich betracht ihn nicht als mein, und ich hab auch jetzt keinen Kopf für Privatgeschichten. Eben jetzt geh ich ein Risiko ein mit Einkaufen, wo der Feldhauptmann gefallen ist und alles vom Frieden redet. Wo wolln Sie hin, wenn ich ruiniert bin? Sehen Sie, das wissen Sie nicht. Hacken Sie uns das Brennholz, dann haben wir abends warm, das ist schon viel in diesen Zeiten. Was ist das? *Sie steht auf. Herein Kattrin, atemlos, mit einer Wunde über Stirn und Auge. Sie schleppt allerlei Sachen, Pakete, Lederzeug, eine Trommel usw.*

MUTTER COURAGE Was ist, bist du überfalln worden? Aufn Rückweg? Sie ist aufn Rückweg überfalln worden! Wenn das nicht der Reiter gewesen ist, der sich bei mir besoffen hat! Ich hätt dich nie gehn lassen solln. Schmeiß das Zeug weg! Das ist nicht schlimm, die Wund ist nur eine Fleischwund. Ich verbind sie dir, und in einer Woche ist sie geheilt. Sie sind schlimmer als die Tier. *Sie verbindet die Wunde.*

DER FELDPREDIGER Ich werf ihnen nix vor. Daheim haben sie nicht geschändet. Schuld sind die, wo Krieg anstiften, sie kehren das Unterste zuoberst in die Menschen.

MUTTER COURAGE Hat dich der Schreiber nicht zurückbegleitet? Das kommt davon, daß du eine anständige Person bist, da schern sie sich nicht drum. Die Wund ist gar nicht tief, da bleibt nix zurück. So, jetzt ists verbunden. Du kriegst was, sei ruhig. Ich hab dir insgeheim was aufgehoben, du wirst schauen. *Sie kramt aus einem Sack die roten Stöckelschuhe der Pottier heraus.* Was, da schaust du? Die hast du immer wolln. Da hast du sie. Zieh sie schnell an, daß es mich nicht reut. Nix bleibt zurück, wenngleich mirs nix ausmachen möcht. Das Los von denen, wo ihnen gefallen, ist das schlimmste. Die ziehn sie herum, bis sie kaputt sind. Wen sie nicht mögen, die lassen sie am Leben. Ich hab schon solche gesehn, wo hübsch im Gesicht gewesen sind, und dann haben sie bald so ausgeschaut, daß einen Wolf gegraust hat. Nicht hinter einen Alleebaum können sie gehn, ohne daß sie was fürchten müssen, sie haben ein grausliches Leben. Das ist wie mit die Bäum, die graden, lustigen werden abgehaun für Dachbalken, und die krummen dürfen sich ihres Lebens freun. Das wär also nix als ein Glück. Die Schuh sind noch gut, ich hab sie eingeschmiert aufgehoben.

Kattrin läßt die Schuhe stehen und kriecht in den Wagen.

DER FELDPREDIGER Hoffentlich ist sie nicht verunstaltet.

MUTTER COURAGE Eine Narb wird bleiben. Auf den Frieden muß sie nimmer warten.

DER FELDPREDIGER Die Sachen hat sie sich nicht nehmen lassen.

MUTTER COURAGE Ich hätts ihr vielleicht nicht einschärfen solln. Wenn ich wüßt, wie es in ihrem Kopf ausschaut! Einmal ist sie eine Nacht ausgeblieben, nur einmal in all die Jahr. Danach ist sie herumgegangen wie vorher, hat aber stärker gearbeitet. Ich konnt nicht herausbringen, was sie erlebt hat. Ich hab mir eine Zeitlang den Kopf zerbrochen. *Sie nimmt die von Kattrin gebrachten Waren auf und sortiert sie zornig.* Das ist der Krieg! Eine schöne Einnahmequell!

Man hört Kanonenschüsse.

DER FELDPREDIGER Jetzt begraben sie den Feldhauptmann. Das ist ein historischer Augenblick.

MUTTER COURAGE Mir ist ein historischer Augenblick, daß sie meiner Tochter übers Aug geschlagen haben. Die ist schon halb kaputt, einen Mann kriegt sie nicht mehr, und dabei so ein Kindernarr, stumm ist sie auch nur wegen dem Krieg, ein Soldat hat ihr als klein was in den Mund geschoppt. Den Schweizerkas seh ich nicht mehr, und wo der Eilif ist, das weiß Gott. Der Krieg soll verflucht sein.

7

MUTTER COURAGE AUF DER HÖHE IHRER GESCHÄFTLICHEN
LAUFBAHN.

Landstraße

*Der Feldprediger, Mutter Courage und ihre Tochter
Kattrin ziehen den Planwagen, an dem neue Waren
hängen. Mutter Courage trägt eine Kette mit Silber-
talern.*

MUTTER COURAGE Ich laß mir den Krieg von euch nicht
madig machen. Es heißt, er vertilgt die Schwachen, aber
die sind auch hin im Frieden. Nur, der Krieg nährt
seine Leut besser.

Sie singt:
Und geht er über deine Kräfte
Bist du beim Sieg halt nicht dabei.
Der Krieg ist nix als die Geschäfte
Und statt mit Käse ists mit Blei.

Und was möcht schon Seßhaftwerden nützen. Die Seß-
haften sind zuerst hin.

Sie singt:
So mancher wollt so manches haben
Was es für manchen gar nicht gab:
Er wollt sich schlau ein Schlupfloch graben
Und grub sich nur ein frühes Grab.
Schon manchen sah ich sich abjagen
In Eil nach einer Ruhestatt —

Liegt er dann drin, mag er sich fragen
Warums ihm so geeilet hat.

Sie ziehen weiter.

8

IM SELBEN JAHR FÄLLT DER SCHWEDENKÖNIG GUSTAV ADOLF
IN DER SCHLACHT BEI LÜTZEN. DER FRIEDEN DROHT MUTTER
COURAGES GESCHÄFT ZU RUINIEREN. DER COURAGE KÜHNER
SOHN VOLLBRINGT EINE HELDENTAT ZUVIEL UND FINDET EIN
SCHIMPFLICHES ENDE.

Feldlager

*Ein Sommermorgen. Vor dem Wagen stehen eine alte
Frau und ihr Sohn. Der Sohn schleppt einen großen
Sack mit Bettzeug.*

MUTTER COURAGES STIMME *aus dem Wagen:* Muß das in
aller Herrgottsfrüh sein?

DER JUNGE MANN Wir sind die ganze Nacht zwanzig Mei-
len hergelaufen und müssen noch zurück heut.

MUTTER COURAGES STIMME Was soll ich mit Bettfedern?
Die Leut haben keine Häuser.

DER JUNGE MANN Wartens lieber, bis Sie sie sehn.

DIE ALTE FRAU Da ist auch nix. Komm!

DER JUNGE MANN Dann verpfänden sie uns das Dach
überm Kopf für die Steuern. Vielleicht gibt sie drei
Gulden, wenn du das Kreuzel zulegst. *Glocken begin-
nen zu läuten:* Horch, Mutter!

STIMMEN *von hinten:* Frieden! Der Schwedenkönig ist gefallen!

MUTTER COURAGE *steckt den Kopf aus dem Wagen. Sie ist
noch unfrisiert:* Was ist das für ein Geläut mitten in der
Woch?

DER FELDPREDIGER *kommt unterm Wagen vorgekrochen:*
Was schrein sie?

MUTTER COURAGE Sagen Sie mir nicht, daß Friede aus-
gebrochen ist, wo ich eben neue Vorräte eingekauft hab.

DER FELDPREDIGER *nach hinten rufend:* Ists wahr, Frieden?

STIMME Seit drei Wochen, heißts, wir habens nur nicht erfahren.

DER FELDPREDIGER *zur Courage:* Warum solln sie sonst die Glocke läuten?

STIMME In der Stadt sind schon ein ganzer Haufen Lutherische mit Fuhrwerken angekommen, die haben die Neuigkeit gebracht.

DER JUNGE MANN Mutter, es ist Frieden. Was hast?

Die alte Frau ist zusammengebrochen.

MUTTER COURAGE *zurück in den Wagen:* Marandjosef! Kattrin, Friede! Zieh dein Schwarzes an! Wir gehn in Gottesdienst. Das sind wir dem Schweizerkas schuldig. Obs wahr ist?

DER JUNGE MANN Die Leut hier sagens auch. Es ist Frieden gemacht worden. Kannst du aufstehn? *Die alte Frau steht betäubt auf.* Jetzt bring ich die Sattlerei wieder in Gang. Ich versprech dirs. Alles kommt in Ordnung. Vater kriegt sein Bett wieder. Kannst du laufen? *Zum Feldprediger:* Schlecht ist ihr geworden. Das ist die Nachricht. Sie hats nicht geglaubt, daß es noch Frieden wird. Vater hats immer gesagt. Wir gehn gleich heim. *Beide ab.*

MUTTER COURAGES STIMME Gebt ihr einen Schnaps!

DER FELDPREDIGER Sie sind schon fort.

MUTTER COURAGES STIMME Was ist im Lager drüben?

DER FELDPREDIGER Sie laufen zusammen. Ich geh hinüber. Soll ich nicht mein geistliches Gewand anziehn?

MUTTER COURAGES STIMME Erkundigen Sie sich erst genauer, vor Sie sich zu erkennen geben als Antichrist. Ich bin froh übern Frieden, wenn ich auch ruiniert bin. Wenigstens zwei von den Kindern hätt ich also durchgebracht durch den Krieg. Jetzt werd ich meinen Eilif wiedersehen.

DER FELDPREDIGER Und wer kommt da die Lagergaß herunter? Wenn das nicht der Koch vom Feldhauptmann ist!

DER KOCH *etwas verwahrlost und mit einem Bündel:* Wen seh ich? Den Feldprediger!

DER FELDPREDIGER Courage, ein Besuch!
Mutter Courage klettert heraus.

DER KOCH Ich habs doch versprochen, ich komm, sobald ich Zeit hab, zu einer kleinen Unterhaltung herüber. Ich hab Ihren Branntwein nicht vergessen, Frau Fierling.

MUTTER COURAGE Jesus, der Koch vom Feldhauptmann! Nach all die Jahr! Wo ist der Eilif, mein Ältester?

DER KOCH Ist der noch nicht da? Der ist vor mir weg und wollt auch zu Ihnen.

DER FELDPREDIGER Ich zieh mein geistliches Gewand an, wartens. *Ab hinter den Wagen.*

MUTTER COURAGE Da kann er jede Minute eintreffen. *Ruft in den Wagen:* Kattrin, der Eilif kommt! Hol ein Glas Branntwein fürn Koch, Kattrin! *Kattrin zeigt sich nicht.* Gib ein Büschel Haar drüber, und fertig! Herr Lamb ist kein Fremder. *Holt selber den Branntwein.* Sie will nicht heraus, sie macht sich nix ausm Frieden. Er hat zu lang auf sich warten lassen. Sie haben sie über das eine Aug geschlagen, man siehts schon kaum mehr, aber sie meint, die Leut stiern auf sie.

DER KOCH Ja, der Krieg! *Er und Mutter Courage setzen sich.*

MUTTER COURAGE Koch, Sie treffen mich im Unglück. Ich bin ruiniert.

DER KOCH Was? Das ist aber ein Pech.

MUTTER COURAGE Der Friede bricht mirn Hals. Ich hab auf den Feldprediger sein Rat neulich noch Vorräte eingekauft. Und jetzt wird sich alles verlaufen, und ich sitz auf meine Waren.

DER KOCH Wie können Sie auf den Feldprediger hörn? Wenn ich damals Zeit gehabt hätt, aber die Katholischen sind zu schnell gekommen, hätt ich Sie vor dem gewarnt. Das ist ein Schmalger. So, der führt bei Ihnen jetzt das große Wort.

MUTTER COURAGE Er hat mirs Geschirr gewaschen und ziehn helfen.

DER KOCH Der und ziehn! Er wird Ihnen schon auch ein paar von seine Witz erzählt haben, wie ich den kenn, der hat eine ganz unsaubere Anschauung vom Weib, ich hab mein Einfluß umsonst bei ihm geltend gemacht. Er ist unsolid.

MUTTER COURAGE Sind Sie solid?

DER KOCH Wenn ich nix bin, bin ich solid. Prost!

MUTTER COURAGE Das ist nix, solid. Ich hab nur einen gehabt, Gott sei Dank, wo solid war. So hab ich nirgends schuften müssen, er hat die Decken von die Kinder verkauft im Frühjahr, und meine Mundharmonika hat er unchristlich gefunden. Ich find, Sie empfehln sich nicht, wenn Sie eingestehn, Sie sind solid.

DER KOCH Sie haben immer noch Haare auf die Zähn, aber ich schätz Sie drum.

MUTTER COURAGE Sagen Sie jetzt nicht, Sie haben von meine Haar auf die Zähn geträumt!

DER KOCH Ja, jetzt sitzen wir hier, und Friedensglocken und Ihr Branntwein, wie nur Sie ihn ausschenken, das ist ja berühmt.

MUTTER COURAGE Ich halt nix von Friedensglocken im Moment. Ich seh nicht, wie sie den Sold auszahln wolln, wo im Rückstand ist, und wo bleib ich dann mit meinem berühmten Branntwein? Habt ihr denn ausgezahlt bekommen?

DER KOCH *zögernd:* Das nicht grad. Darum haben wir uns aufgelöst. Unter diese Umständ hab ich mir gedacht, was soll ich bleiben, ich besuch inzwischen Freunde. Und so sitz ich jetzt Ihnen gegenüber.

MUTTER COURAGE Das heißt, Sie haben nix.

DER KOCH Mit dem Gebimmel könnten sie wirklich aufhören, nachgerad. Ich käm gern in irgendeinen Handel mit was. Ich hab keine Lust mehr, denen den Koch machen. Ich soll ihnen aus Baumwurzeln und Schuhleder was zusammenpantschen, und dann schütten sie mir die heiße Suppe ins Gesicht. Heut Koch, das ist ein Hundeleben. Lieber Kriegsdienst tun, aber freilich, jetzt ist ja Frieden. *Da der Feldprediger auftaucht, nunmehr in seinem alten Gewand.* Wir reden später darüber weiter. ·

DER FELDPREDIGER Es ist noch gut, nur paar Motten waren drin.

DER KOCH Ich seh nur nicht, wozu Sie sich die Müh machen. Sie werden doch nicht wieder eingestellt, wen sollten Sie jetzt anfeuern, daß er seinen Sold ehrlich verdient und sein Leben in die Schanz schlägt? Ich hab überhaupt mit Ihnen noch ein Hühnchen zu rupfen, weil Sie die Dame zu einem Einkauf von überflüssigen Waren geraten haben unter der Angabe, der Krieg geht ewig.

DER FELDPREDIGER *hitzig:* Ich möcht wissen, was Sie das angeht?

DER KOCH Weils gewissenlos ist, so was! Wie können Sie sich in die Geschäftsordnung von andern Leuten einmischen mit ungewünschten Ratschlägen?

DER FELDPREDIGER Wer mischt sich ein? *Zur Courage:* Ich hab nicht gewußt, daß Sie eine so enge Freundin von dem Herrn sind und ihm Rechenschaft schuldig sind.

MUTTER COURAGE Regen Sie sich nicht auf, der Koch sagt nur seine Privatmeinung, und Sie können nicht leugnen, daß Ihr Krieg eine Niete war.

DER FELDPREDIGER Sie sollten sich nicht am Frieden versündigen, Courage! Sie sind eine Hyäne des Schlachtfelds.

MUTTER COURAGE Was bin ich?

DER KOCH Wenn Sie meine Freundin beleidigen, kriegen Sies mit mir zu tun.

DER FELDPREDIGER Mit Ihnen red ich nicht. Sie haben mir zu durchsichtige Absichten. *Zur Courage:* Aber wenn ich Sie den Frieden entgegennehmen seh wie ein altes verrotztes Sacktuch, mit Daumen und Zeigefinger, dann empör ich mich menschlich; denn dann seh ich, Sie wollen keinen Frieden, sondern Krieg, weil Sie Gewinne machen, aber vergessen Sie dann auch nicht den alten Spruch: »Wer mitn Teufel frühstücken will, muß ein langen Löffel haben!«

MUTTER COURAGE Ich hab nix fürn Krieg übrig, und er hat wenig genug für mich übrig. Ich verbitt mir jedenfalls die Hyäne, wir sind geschiedene Leut.

DER FELDPREDIGER Warum beklagen Sie sich dann übern Frieden, wenn alle Menschen aufatmen? Wegen paar alte Klamotten in Ihrem Wagen?!

MUTTER COURAGE Meine Waren sind keine alte Klamotten, sondern davon leb ich, und Sie habens bisher auch.

DER FELDPREDIGER Also vom Krieg! Aha!

DER KOCH *zum Feldprediger:* Als erwachsener Mensch hätten Sie sich sagen müssen, daß man keinen Rat gibt. *Zur Courage:* In der Lag können Sie jetzt nix Besseres mehr tun als gewisse Waren schnell losschlagen, vor die Preise ins Aschgraue sinken. Ziehn Sie sich an und gehn Sie los, verliern Sie keine Minut!

MUTTER COURAGE Das ist ein ganz vernünftiger Rat. Ich glaub, ich machs.

DER FELDPREDIGER Weil der Koch es sagt!

MUTTER COURAGE Warum haben Sies nicht gesagt? Er hat

recht, ich geh besser auf den Markt. *Sie geht in den Wagen.*

DER KOCH Einen für mich, Feldprediger. Sie sind nicht geistesgegenwärtig. Sie hätten sagen müssen: i c h soll Ihnen ein Rat gegeben haben? Ich hab höchstens politisiert! Mit mir sollten Sie sich nicht hinstelln. So ein Hahnenkampf paßt sich nicht für Ihr Gewand!

DER FELDPREDIGER Wenn Sie nicht das Maul halten, ermord ich Sie, ob sich das paßt oder nicht.

DER KOCH *seine Stiefel ausziehend und sich die Fußlappen abwickelnd*: Wenn Sie nicht ein so gottloser Lump geworden wären, könntens jetzt im Frieden leicht wieder zu einem Pfarrhaus kommen. Köch wird man nicht brauchen, zum Koch ist nix da, aber geglaubt wird immer noch, da hat sich nix verändert.

DER FELDPREDIGER Herr Lamb, ich muß Sie bitten, mich hier nicht hinauszudrängeln. Seit ich verlumpt bin, bin ich ein besserer Mensch geworden. Ich könnt ihnen nicht mehr predigen.

Yvette Pottier kommt, in Schwarz, aufgetakelt, mit Stock. Sie ist viel älter, dicker und sehr gepudert. Hinter ihr ein Bedienter.

YVETTE Holla, ihr Leut! Ist das bei Mutter Courage?

DER FELDPREDIGER Ganz recht. Und mit wem haben wir das Vergnügen?

YVETTE Mit der Obristin Starhemberg, gute Leut. Wo ist die Courage?

DER FELDPREDIGER *ruft in den Wagen:* Die Obristin Starhemberg möcht Sie sprechen!

STIMME DER MUTTER COURAGE Ich komm gleich!

YVETTE Ich bin die Yvette!

STIMME DER MUTTER COURAGE Ach, die Yvette!

YVETTE Nur nachschaun wies geht! *Da der Koch sich entsetzt herumgedreht hat:* Pieter!

DER KOCH Yvette!

YVETTE So was! Wie kommst denn du da her?

DER KOCH Im Fuhrwerk.

DER FELDPREDIGER Ach, ihr kennts euch? Intim?

YVETTE Ich möchts meinen. *Sie betrachtet den Koch:* Fett.

DER KOCH Du gehörst auch nicht mehr zu die Schlanksten.

YVETTE Jedenfalls schön, daß ich dich treff, Lump. Da kann ich dir sagen, was ich über dich denk.

DER FELDPREDIGER Sagen Sies nur genau, aber warten Sie, bis die Courage heraußen ist.

MUTTER COURAGE *kommt heraus, mit allerlei Waren:* Yvette! *Sie umarmen sich.* Aber warum bist du in Trauer?

YVETTE Stehts mir nicht? Mein Mann, der Obrist, ist vor ein paar Jahren gestorben.

MUTTER COURAGE Der Alte, wo beinah mein Wagen gekauft hätt?

YVETTE Sein älterer Bruder.

MUTTER COURAGE Da stehst dich ja nicht schlecht! Wenigstens eine, wos im Krieg zu was gebracht hat.

YVETTE Auf und ab und wieder auf ists halt gegangen.

MUTTER COURAGE Reden wir nicht Schlechtes von die Obristen, sie machen Geld wie Heu!

DER FELDPREDIGER *zum Koch:* Ich möcht an Ihrer Stell die Schuh wieder anziehn. *Zu Yvette:* Sie haben versprochen, Sie sagen, was Sie über den Herrn denken, Frau Obristin.

DER KOCH Yvette, mach keinen Stunk hier.

MUTTER COURAGE Das ist ein Freund von mir, Yvette.

YVETTE Das ist der Pfeifenpieter.

DER KOCH Laß die Spitznamen! Ich heiß Lamb.

MUTTER COURAGE *lacht:* Der Pfeifenpieter! Wo die Weiber verrückt gemacht hat! Sie, Ihre Pfeif hab ich aufbewahrt.

DER FELDPREDIGER Und draus geraucht!

YVETTE Ein Glück, daß ich Sie vor dem warnen kann. Das ist der schlimmste, wo an der ganzen flandrischen Küste herumgelaufen ist. An jedem Finger eine, die er ins Unglück gebracht hat.

DER KOCH Das ist lang her. Das ist schon nimmer wahr.

YVETTE Steh auf, wenn eine Dame dich ins Gespräch zieht! Wie ich diesen Menschen geliebt hab! Und zu gleicher Zeit hat er eine kleine Schwarze gehabt mit krumme Bein, die hat er auch ins Unglück gebracht, natürlich.

DER KOCH Dich hab ich jedenfalls eher ins Glück gebracht, wies scheint.

YVETTE Halt das Maul, traurige Ruin! Aber hüten Sie sich vor ihm, so einer bleibt gefährlich auch im Zustand des Verfalls!

MUTTER COURAGE *zu Yvette:* Komm mit, ich muß mein Zeug losschlagen, vor die Preis sinken. Vielleicht hilfst du mir beim Regiment mit deine Verbindungen. *Ruft in den Wagen:* Kattrin, es ist nix mit der Kirch, stattdem geh ich aufn Markt. Wenn der Eilif kommt, gebts ihm was zum Trinken. *Ab mit Yvette.*

YVETTE *im Abgehn:* Daß mich so was wie dieser Mensch einmal vom graden Weg hat abbringen können! Ich habs nur meinem guten Stern zu danken, daß ich dennoch in die Höh gekommen bin. Aber daß ich dir jetzt das Handwerk gelegt hab, wird mir dereinst oben angerechnet, Pfeifenpieter.

DER FELDPREDIGER Ich möcht unsrer Unterhaltung das Wort zugrund legen: Gottes Mühlen mahlen langsam. Und Sie beschweren sich über meinen Witz!

DER KOCH Ich hab halt kein Glück. Ich sags, wies ist: ich hab auf eine warme Mahlzeit gehofft. Ich bin ausgehungert, und jetzt reden die über mich, und sie bekommt ein ganz falsches Bild von mir. Ich glaub, ich verschwind, bis sie zurück ist.

DER FELDPREDIGER Ich glaub auch.

DER KOCH Feldprediger, mir hangt der Frieden schon wieder zum Hals heraus. Die Menschheit muß hingehn durch Feuer und Schwert, weil sie sündig ist von Kindesbeinen an. Ich wollt, ich könnt dem Feldhauptmann, wo Gott weiß wo ist, wieder einen fetten Kapaun braten, in Senfsoße mit bissel gelbe Rüben.

DER FELDPREDIGER Rotkohl. Zum Kapaun Rotkohl.

DER KOCH Das ist richtig, aber er hat gelbe Rüben wolln.

DER FELDPREDIGER Er hat nix verstanden.

DER KOCH Sie habens immer wacker mitgefressen.

DER FELDPREDIGER Mit Widerwillen.

DER KOCH Jedenfalls müssen Sie zugeben, daß das noch Zeiten warn.

DER FELDPREDIGER Das würd ich eventuell zugeben.

DER KOCH Nachdem Sie sie eine Hyäne geheißen haben, sinds für Sie hier keine Zeiten mehr. Was stiern Sie denn?

DER FELDPREDIGER Der Eilif!

Von Soldaten mit Piketten gefolgt, kommt Eilif daher. Seine Hände sind gefesselt. Er ist kalkweiß.

EILIF Wo ist die Mutter?

Was ist denn mit dir los?

DER FELDPREDIGER In die Stadt.

EILIF Ich hab gehört, sie ist am Ort. Sie haben erlaubt, daß ich sie noch besuchen darf.

DER KOCH *zu den Soldaten*: Wo führt ihr ihn denn hin?

EIN SOLDAT Nicht zum Guten.

DER FELDPREDIGER Was hat er angestellt?

DER SOLDAT Bei einem Bauern ist er eingebrochen. Die Frau ist hin.

DER FELDPREDIGER Wie hast du das machen können?

EILIF Ich hab nix andres gemacht als vorher auch.

DER KOCH Aber im Frieden.

EILIF Halt das Maul. Kann ich mich hinsetzen, bis sie kommt?

DER SOLDAT Wir haben keine Zeit.

DER FELDPREDIGER Im Krieg haben sie ihn dafür geehrt, zur Rechten vom Feldhauptmann ist er gesessen. Da wars Kühnheit! Könnt man nicht mit dem Profos reden?

DER SOLDAT Das nutzt nix. Einem Bauern sein Vieh nehmen, was wär daran kühn?

DER KOCH Das war eine Dummheit!

EILIF Wenn ich dumm gewesen wär, dann wär ich verhungert, du Klugscheißer.

DER KOCH Und weil du klug warst, kommt dir der Kopf herunter.

DER FELDPREDIGER Wir müssen wenigstens die Kattrin herausholen.

EILIF Laß sie drin! Gib mir lieber einen Schluck Schnaps.

DER SOLDAT Zu dem hats keine Zeit, komm!

DER FELDPREDIGER Und was solln wir deiner Mutter ausrichten?

EILIF Sag ihr, es war nichts anderes, sag ihr, es war dasselbe. Oder sag ihr gar nix. *Die Soldaten treiben ihn weg.*

DER FELDPREDIGER Ich geh mit dir deinen schweren Weg.

EILIF Ich brauch keinen Pfaffen.

DER FELDPREDIGER Das weißt du doch nicht. *Er folgt ihm.*

DER KOCH *ruft ihnen nach:* Ich werds ihr doch sagen müssen, sie wird ihn noch sehn wollen!

DER FELDPREDIGER Sagen Sie ihr lieber nix. Höchstens, er war da und kommt wieder, vielleicht morgen. Inzwischen bin ich zurück und kanns ihr beibringen.

Hastig ab. Der Koch schaut ihnen kopfschüttelnd nach, dann geht er unruhig herum. Am Ende nähert er sich dem Wagen.

DER KOCH Holla! Wolln Sie nicht rauskommen? Ich versteh ja, daß Sie sich vorm Frieden verkrochen haben. Ich möchts auch. Ich bin der Koch vom Feldhauptmann, erinnern Sie sich an mich? Ich frag mich, ob Sie bissel was zu essen hätten, bis Ihre Mutter zurückkommt. Ich hätt grad Lust auf ein Speck oder auch Brot, nur wegen der Langeweil. *Er schaut hinein.* Hat die Deck überm Kopf.

Hinten Kanonendonner.

MUTTER COURAGE *kommt gelaufen, sie ist außer Atem und hat ihre Waren noch:* Koch, der Frieden ist schon wieder aus! Schon seit drei Tag ist wieder Krieg. Ich hab mein Zeug noch nicht losgeschlagen gehabt, wie ichs erfahrn hab. Gott sei Dank! In der Stadt schießen sie sich mit die Lutherischen. Wir müssen gleich weg mitn Wagen. Kattrin, packen! Warum sind Sie betreten! Was ist los?

DER KOCH Nix.

MUTTER COURAGE Doch, es ist was. Ich sehs Ihnen an.

DER KOCH Weil wieder Krieg ist wahrscheinlich. Jetzt kanns bis morgen abend dauern, bis ich irgendwo was Warmes in Magen krieg.

MUTTER COURAGE Das ist gelogen, Koch.

DER KOCH Der Eilif war da. Er hat nur gleich wieder wegmüssen.

MUTTER COURAGE War er da? Da werden wir ihn aufn Marsch sehn. Ich zieh mit die Unsern jetzt. Wie sieht er aus?

DER KOCH Wie immer.

MUTTER COURAGE Der wird sich nie ändern. Den hat der Krieg mir nicht wegnehmen können. Der ist klug. Helfen Sie mir beim Packen? *Sie beginnt zu packen.* Hat er was erzählt? Steht er sich gut mitn Hauptmann? Hat er was von seine Heldentaten berichtet?

DER KOCH *finster:* Eine hat er, hör ich, noch einmal wiederholt.

MUTTER COURAGE Sie erzählens mir später, wir müssen fort. *Kattrin taucht auf.* Kattrin, der Frieden ist schon wieder herum. Wir ziehn weiter. *Zum Koch:* Was ist mit Ihnen?

DER KOCH Ich laß mich anwerben.

MUTTER COURAGE Ich schlag Ihnen vor ... wo ist der Feldprediger?

DER KOCH In die Stadt mit dem Eilif.

MUTTER COURAGE Dann kommen Sie ein Stückl mit, Lamb. Ich brauch eine Hilf.

DER KOCH Die Geschichte mit der Yvette ...

MUTTER COURAGE Die hat Ihnen nicht geschadet in meinen Augen. Im Gegenteil. Wos raucht, ist Feuer, heißts. Kommen Sie also mit uns?

DER KOCH Ich sag nicht nein.

MUTTER COURAGE Das Zwölfte is schon aufgebrochen. Gehens an die Deichsel. Da is ein Stück Brot. Wir müssen hintenrum, zu den Lutherischen. Vielleicht seh ich den Eilif schon heut nacht. Das ist mir der liebste von allen. Ein kurzer Friede wars, und schon gehts weiter. *Sie singt, während der Koch und Kattrin sich vorspannen:*

Von Ulm nach Metz, von Metz nach Mähren!
Mutter Courage ist dabei!
Der Krieg wird seinen Mann ernähren
Er braucht nur Pulver zu und Blei.
Von Blei allein kann er nicht leben
Von Pulver nicht, er braucht auch Leut!
Müßts euch zum Regiment begeben
Sonst steht er um! So kommt noch heut!

9

SCHON SECHZEHN JAHRE DAUERT NUN DER GROSSE GLAU-
BENSKRIEG. ÜBER DIE HÄLFTE SEINER BEWOHNER HAT
DEUTSCHLAND EINGEBÜSST. GEWALTIGE SEUCHEN TÖTEN,
WAS DIE METZELEIEN ÜBRIGGELASSEN HABEN. IN DEN EHE-
MALS BLÜHENDEN LANDSTRICHEN WÜTET DER HUNGER.
WÖLFE DURCHSTREIFEN DIE NIEDERGEBRANNTEN STÄDTE. IM
HEBRST 1634 BEGEGNEN WIR DER COURAGE IM DEUTSCHEN
FICHTELGEBIRGE, ABSEITS DER HEERSTRASSE, AUF DER DIE
SCHWEDISCHEN HEERE ZIEHEN. DER WINTER IN DIESEM JAHR
KOMMT FRÜH UND IST STRENG. DIE GESCHÄFTE GEHEN
SCHLECHT, SO DASS NUR BETTELN ÜBRIGBLEIBT. DER KOCH
BEKOMMT EINEN BRIEF AUS UTRECHT UND WIRD VERAB-
SCHIEDET.

Vor einem halbzerfallenen Pfarrhaus

*Grauer Morgen im Frühwinter. Windstöße. Mutter Cou-
rage und der Koch in schäbigen Schafsfellen am Wagen.*

DER KOCH Es ist alles dunkel, noch niemand auf.

MUTTER COURAGE Aber ein Pfarrhaus. Und zum Glok-
kenläuten muß er aus den Federn kriechen. Dann hat
er eine warme Supp.

DER KOCH Woher, wenns ganze Dorf verkohlt ist, wie
wir gesehn haben.

MUTTER COURAGE Aber es ist bewohnt, vorhin hat ein
Hund gebellt.

DER KOCH Wenn der Pfaff hat, gibt er nix.

MUTTER COURAGE Vielleicht, wenn wir singen ...

DER KOCH Ich habs bis oben auf.

Plötzlich: Ich hab einen Brief aus Utrecht, daß meine
Mutter an der Cholera gestorben ist, und das Wirts-

haus gehört mir. Da ist der Brief, wenns nicht glaubst. Ich zeig ihn dir, wenns dich auch nix angeht, was meine Tante über meinen Lebenswandel schmiert.

MUTTER COURAGE *liest den Brief:* Lamb, ich bin das Herumziehen auch müd. Ich komm mir vor wie'n Schlachterhund, ziehts Fleisch für die Kunden und kriegt nix davon ab. Ich hab nix mehr zu verkaufen, und die Leut haben nix, das Nix zu zahln. Im Sächsischen hat mir einer in Lumpen ein Klafter Pergamentbänd aufhängen wolln für zwei Eier, und fürn Säcklein Salz hätten sie mir im Württembergischen ihren Pflug abgelassen. Wozu pflügen? Es wachst nix mehr, nur Dorngestrüpp. Im Pommerschen solln die Dörfler schon die jüngern Kinder aufgegessen haben, und Nonnen haben sie bei Raubüberfäll erwischt.

DER KOCH Die Welt stirbt aus.

MUTTER COURAGE Manchmal seh ich mich schon durch die Höll fahrn mit mein Planwagen und Pech verkaufen oder durchn Himmel, Wegzehrung ausbieten an irrende Seelen. Wenn ich mit meine Kinder, wo mir verblieben sind, eine Stell fänd, wo nicht herumgeschossen würd, möcht ich noch ein paar ruhige Jahr haben.

DER KOCH Wir könnten das Wirtshaus aufmachen. Anna, überleg dirs. Ich hab heut nacht meinen Entschluß gefaßt, ich geh mit dir oder ohne dich nach Utrecht zurück, und zwar heut.

MUTTER COURAGE Ich muß mit der Kattrin reden. Es kommt ein bissel schnell, und ich faß meine Entschlüß ungern in der Kält und mit nix im Magen. Kattrin! *Kattrin klettert aus dem Wagen.* Kattrin, ich muß dir was mitteilen. Der Koch und ich wolln nach Utrecht. Er hat eine Wirtschaft dort geerbt. Da hättest du einen festen Punkt und könntest Bekanntschaften machen. Eine gesetzte Person möcht mancher schätzen, das Aussehn ist nicht alles. Ich wär auch dafür. Ich vertrag mich mitn Koch. Ich muß für ihn sagen: er hat ein Kopf fürs Geschäft. Wir hätten unser gesichertes Essen, das wär fein, nicht? Und du hast eine Bettstatt, das paßt dir, wie? Auf der Straß ist kein Leben auf die Dauer. Du möchtst verkommen. Verlaust bist schon. Wir müssen uns entscheiden, warum, wir könnten mit den Schweden ziehn, nach Norden, sie müssen dort drüben sein. *Sie zeigt nach links:* Ich denk, wir entschließen uns, Kattrin.

DER KOCH Anna, ich möcht ein Wort mit dir allein haben.

MUTTER COURAGE Geh in den Wagen zurück, Kattrin. *Kattrin klettert zurück.*

DER KOCH Ich hab dich unterbrochen, weil das ist ein Mißverständnis von deiner Seit, seh ich. Ich hab gedacht, das müßt ich nicht eigens sagen, weils klar ist. Aber wenn nicht, muß ich dirs halt sagen, daß du die mitnimmst, davon kann keine Rede sein. Ich glaub, du verstehst mich.

Kattrin steckt hinter ihnen den Kopf aus dem Wagen und lauscht.

MUTTER COURAGE Du meinst, ich soll die Kattrin zurücklassen?

DER KOCH Wie denkst du dirs? Da ist kein Platz in der Wirtschaft. Das ist keine mit drei Schankstuben. Wenn wir zwei uns auf die Hinterbein stelln, können wir unsern Unterhalt finden, aber nicht drei, das ist ausgeschlossen. Die Kattrin kann den Wagen behalten.

MUTTER COURAGE Ich hab mir gedacht, sie kann in Utrecht einen Mann finden.

DER KOCH Daß ich nicht lach! Wie soll die einen Mann finden? Stumm und die Narb dazu! Und in dem Alter?

MUTTER COURAGE Red nicht so laut!

DER KOCH Was ist, ist, leis oder laut. Und das ist auch ein Grund, warum ich sie nicht in der Wirtschaft haben kann. Die Gäst wolln so was nicht immer vor Augen haben. Das kannst du ihnen nicht verdenken.

MUTTER COURAGE Halts Maul. Ich sag, du sollst nicht so laut sein.

DER KOCH Im Pfarrhaus ist Licht. Wir können singen.

MUTTER COURAGE Koch, wie könnt sie allein mitn Wagen ziehn? Sie hat Furcht vorm Krieg. Sie verträgts nicht. Was die für Träum haben muß! Ich hör sie stöhnen nachts. Nach Schlachten besonders. Was sie da sieht in ihre Träum, weiß ich nicht. Die leidet am Mitleid. Neulich hab ich bei ihr wieder einen Igel versteckt gefunden, wo wir überfahren haben.

DER KOCH Die Wirtschaft ist zu klein. *Er ruft:* Werter Herr, Gesinde und Hausbewohner! Wir bringen zum Vortrag das Lied von Salomon, Julius Cäsar und andere große Geister, denens nicht genützt hat. Damit ihr seht, auch wir sind ordentliche Leut und habens drum schwer, durchzukommen, besonders im Winter.
Sie singen:

Ihr saht den weisen Salomon
Ihr wißt, was aus ihm wurd.
Dem Mann war alles sonnenklar
Er verfluchte die Stunde seiner Geburt
Und sah, daß alles eitel war.
Wie groß und weis war Salomon!
Und seht, da war es noch nicht Nacht
Da sah die Welt die Folgen schon:
Die Weisheit hatte ihn so weit gebracht!
Beneidenswert, wer frei davon!

Alle Tugenden sind nämlich gefährlich auf dieser Welt, wie das schöne Lied beweist, man hat sie besser nicht und hat ein angenehmes Leben und Frühstück, sagen wir, eine warme Supp. Ich zum Beispiel hab keine und möcht eine, ich bin ein Soldat, aber was hat meine Kühnheit mir genutzt in all die Schlachten, nix, ich hunger und wär besser ein Hosenscheißer geblieben und daheim. Denn warum?

Ihr saht den kühnen Cäsar dann
Ihr wißt, was aus ihm wurd.
Der saß wie'n Gott auf dem Altar
Und wurde ermordet, wie ihr erfuhrt
Und zwar, als er am größten war.
Wie schrie der laut: Auch du, mein Sohn!
Denn seht, da war es noch nicht Nacht
Da sah die Welt die Folgen schon:
Die Kühnheit hatte ihn so weit gebracht!
Beneidenswert, wer frei davon!

Halblaut: Sie schaun nicht mal heraus. *Laut:* Werter Herr, Gesinde und Hausbewohner! Sie möchten sagen, ja, die Tapferkeit ist nix, was seinen Mann nährt, versuchts mit der Ehrlichkeit! Da möchtet ihr satt werden oder wenigstens nicht ganz nüchtern bleiben. Wie ists damit?

Ihr kennt den redlichen Sokrates
Der stets die Wahrheit sprach:
Ach nein, sie wußten ihm keinen Dank
Vielmehr stellten die Obern böse ihm nach
Und reichten ihm den Schierlingstrank.
Wie redlich war des Volkes großer Sohn!
Und seht, da war es noch nicht Nacht
Da sah die Welt die Folgen schon:
Die Redlichkeit hatt' ihn so weit gebracht!
Beneidenswert, wer frei davon!

Ja, da heißts selbstlos sein und teilen, was man hat, aber wenn man nix hat? Denn die Wohltäter habens vielleicht auch nicht leicht, das sieht man ein, nur, man braucht halt doch was. Ja, die Selbstlosigkeit ist eine seltene Tugend, weil sie sich nicht rentiert.

Der heilige Martin, wie ihr wißt
Ertrug nicht fremde Not.
Er sah im Schnee ein armen Mann
Und er bot seinen halben Mantel ihm an
Da frorn sie alle beid zu Tod.
Der Mann sah nicht auf irdischen Lohn!
Und seht, da war es noch nicht Nacht
Da sah die Welt die Folgen schon:
Selbstlosigkeit hatt' ihn so weit gebracht!
Beneidenswert, wer frei davon!

Und so ists mit uns! Wir sind ordentliche Leut, halten zusammen, stehln nicht, morden nicht, legen kein Feuer! Und so kann man sagen, wir sinken immer tiefer, und das Lied bewahrheitet sich an uns, und die Suppen sind rar, und wenn wir anders wären und Dieb und Mörder, möchten wir vielleicht satt sein! Denn die Tugenden zahln sich nicht aus, nur die Schlechtigkeiten, so ist die Welt und mößt nicht so sein!

Hier seht ihr ordentliche Leut
Haltend die zehn Gebot.
Es hat uns bisher nichts genützt.
Ihr, die am warmen Ofen sitzt
Helft lindern unsre große Not!
Wie kreuzbrav waren wir doch schon!
Und seht, da war es noch nicht Nacht
Da sah die Welt die Folgen schon:

Die Gottesfurcht hat uns so weit gebracht!
Beneidenswert, wer frei davon!

STIMME *von oben:* Ihr da! Kommt herauf! Eine Brennsupp könnt ihr haben.

MUTTER COURAGE Lamb, ich könnt nix hinunterwürgen. Ich sag nicht, was du sagst, is unvernünftig, aber wars dein letztes Wort? Wir haben uns gut verstanden.

DER KOCH Mein letztes. Überlegs dir.

MUTTER COURAGE Ich brauch nix zu überlegen. Ich laß sie nicht hier.

DER KOCH Das wär recht unvernünftig, ich könnts aber nicht ändern. Ich bin kein Unmensch, nur, das Wirtshaus ist ein kleines. Und jetzt müssen wir hinauf, sonst ist das auch nix hier, und wir haben umsonst in der Kält gesungen.

MUTTER COURAGE Ich hol die Kattrin.

DER KOCH Lieber steck oben was für sie ein. Wenn wir zu dritt anrücken, kriegen sie einen Schreck!

Aus dem Wagen klettert Kattrin, mit einem Bündel. Sie sieht sich um, ob die beiden fort sind. Dann arrangiert sie auf dem Wagenrad eine alte Hose vom Koch und einen Rock ihrer Mutter nebeneinander, so daß es leicht gesehen wird. Sie ist damit fertig und will mit ihrem Bündel weg, als Mutter Courage aus dem Haus zurückkommt.

MUTTER COURAGE *mit einem Teller Suppe:* Kattrin! Bleibst stehn! Kattrin! Wo willst du hin, mit dem Bündel? Bist du von Gott und alle guten Geister verlassen? *Sie untersucht das Bündel.* Ihre Sachen hat sie gepackt! Hast du zugehört? Ich hab ihm gesagt, daß nix wird aus Utrecht, seinem dreckigen Wirtshaus, was solln wir dort? Du und ich, wir passen in kein Wirtshaus. In dem Krieg is noch allerhand für uns drin. *Sie sieht die Hose und den*

96

Rock. Du bist ja dumm. Was denkst, wenn ich das gesehn hätt, und du wärst weggewesen? *Sie hält Kattrin
fest, die weg will.* Glaub nicht, daß ich ihm deinetwegen
den Laufpaß gegeben hab. Es war der Wagen, darum.
Ich trenn mich noch nicht vom Wagen, wo ich gewohnt
bin, wegen dir ists gar nicht, es ist wegen dem Wagen.
Wir gehn die andere Richtung, und dem Koch sein Zeug
legen wir heraus, daß ers find, der dumme Mensch. *Sie
klettert hinauf und wirft noch ein paar Sachen neben
die Hose.* So, der ist draus aus unserm Geschäft, und ein
anderer kommt mir nimmer rein. Jetzt machen wir
beide weiter. Der Winter geht auch rum, wie alle
andern. Spann dich ein, es könnt Schnee geben.
*Sie spannen sich beide vor den Wagen, drehn ihn um
und ziehen ihn weg. Wenn der Koch kommt, sieht er
verdutzt sein Zeug.*

DAS GANZE JAHR 1635 ZIEHEN MUTTER COURAGE UND IHRE
TOCHTER KATTRIN ÜBER DIE LANDSTRASSEN MITTELDEUTSCH-
LANDS, FOLGEND DEN IMMER ZERLUMPTEREN HEEREN.

Landstraße

Mutter Courage und Kattrin ziehen den Planwagen.
Sie kommen an einem Bauernhaus vorbei, aus dem eine
Stimme singt.

DIE STIMME

Uns hat eine Ros ergetzet
Im Garten mittenan
Die hat sehr schön geblühet
Haben sie im März gesetzet
Und nicht umsonst gemühet.
Wohl denen, die ein Garten han.
Sie hat so schön geblühet.

Und wenn die Schneewind wehen
Und blasen durch den Tann
Es kann uns wenig g'schehen:
Wir habens Dach gerichtet
Mit Moos und Stroh verdichtet.
Wohl denen, die ein Dach jetzt han
Wenn solche Schneewind wehen.

Mutter Courage und Kattrin haben eingehalten, um zu-
zuhören, und ziehen dann weiter.

11

JANUAR 1636. DIE KAISERLICHEN TRUPPEN BEDROHEN DIE
EVANGELISCHE STADT HALLE. DER STEIN BEGINNT ZU REDEN.
MUTTER COURAGE VERLIERT IHRE TOCHTER UND ZIEHT
ALLEIN WEITER. DER KRIEG IST NOCH LANGE NICHT ZU
ENDE.

Der Planwagen steht zerlumpt neben einem Bauern-
haus mit riesigem Strohdach, das sich an eine Felswand
anlehnt. Es ist Nacht. Aus dem Gehölz treten ein Fähn-
rich und drei Soldaten in schwerem Eisen.

DER FÄHNRICH Ich will keinen Lärm haben. Wer schreit,
dem haut den Spieß hinauf.

ERSTER SOLDAT Aber wir müssen sie herausklopfen, wenn
wir einen Führer haben wollen.

DER FÄHNRICH Das ist kein unnatürlicher Lärm, Klopfen.
Da kann eine Kuh sich an die Stallwand wälzen.
Die Soldaten klopfen an die Tür des Bauernhauses. Eine
Bäuerin öffnet. Sie halten ihr den Mund zu. Zwei Sol-
daten hinein.

MÄNNERSTIMME DRINNEN Ist was?
Die Soldaten bringen einen Bauern und seinen Sohn
heraus.

DER FÄHNRICH *deutet auf den Wagen, in dem Kattrin auf-*
getaucht ist: Da ist auch noch eine. *Ein Soldat zerrt sie*
heraus. Seid ihr alles, was hier wohnt?

DIE BAUERSLEUTE Das ist unser Sohn. – Und das ist eine
Stumme. – Ihre Mutter ist in der Stadt, einkaufen. –
Für ihren Warenhandel, weil viele fliehn und billig ver-
kaufen. – Es sind fahrende Leut, Marketender.

DER FÄHNRICH Ich ermahn euch, daß ihr euch ruhig ver-
haltet, sonst, beim geringsten Lärm, gibts den Spieß

über die Rübe. Und ich brauch einen, der uns den Pfad zeigt, wo auf die Stadt führt. *Deutet auf den jungen Bauern.* Du, komm her!

DER JUNGE BAUER Ich weiß keinen Pfad nicht.

ZWEITER SOLDAT *grinsend:* Er weiß keinen Pfad nicht.

DER JUNGE BAUER Ich dien nicht die Katholischen.

DER FÄHNRICH *zum zweiten Soldaten*: Gib ihm den Spieß in die Seit!

DER JUNGE BAUER *auf die Knie gezwungen und mit dem Spieß bedroht:* Ich tus nicht ums Leben.

ERSTER SOLDAT Ich weiß was, wie er klug wird. *Er tritt auf den Stall zu.* Zwei Küh und ein Ochs. Hör zu: wenn du keine Vernunft annimmst, säbel ich das Vieh nieder.

DER JUNGE BAUER Nicht das Vieh!

DIE BÄUERIN *weint:* Herr Hauptmann, verschont unser Vieh, wir möchten sonst verhungern.

DER FÄHNRICH Es ist hin, wenn er halsstarrig bleibt.

ERSTER SOLDAT Ich fang mit dem Ochsen an.

DER JUNGE BAUER *zum Alten:* Muß ichs tun? *Die Bäuerin nickt.* Ich tus.

DIE BÄUERIN Und schönen Dank, Herr Hauptmann, daß Sie uns verschont haben, in Ewigkeit, Amen.
Der Bauer hält die Bäuerin von weiterem Danken zurück.

ERSTER SOLDAT Hab ich nicht gleich gewußt, daß der Ochs ihnen über alles geht!
Geführt von dem jungen Bauern, setzen der Fähnrich und die Soldaten ihren Weg fort.

DER BAUER Ich möcht wissen, was die vorhaben. Nix Gutes.

DIE BÄUERIN Vielleicht sinds nur Kundschafter. – Was willst?

DER BAUER *eine Leiter ans Dach stellend und hinaufkletternd:* Sehn, ob die allein sind. *Oben:* Im Gehölz bewegt sichs. Bis zum Steinbruch hinab seh ich was. Und da sind auch Gepanzerte in der Lichtung. Und eine Kanon. Das ist mehr als ein Regiment. Gnade Gott der Stadt und allen, wo drin sind.

DIE BÄUERIN Ist Licht in der Stadt?

DER BAUER Nix. Da schlafens jetzt. *Er klettert herunter.* Wenn die eindringen, stechen sie alles nieder.

DIE BÄUERIN Der Wachtposten wirds rechtzeitig entdecken.

DER BAUER Den Wachtposten im Turm oben aufm Hang müssen sie hingemacht haben, sonst hätt der ins Horn gestoßen.

DIE BÄUERIN Wenn wir mehr wären . . .

DER BAUER Mit dem Krüppel allein hier oben . . .

DIE BÄUERIN Wir können nix machen, meinst . . .

DER BAUER Nix.

DIE BÄUERIN Wir können nicht hinunterlaufen, in der Nacht.

DER BAUER Der ganze Hang hinunter ist voll von ihnen. Wir könnten nicht einmal ein Zeichen geben.

DIE BÄUERIN Daß sie uns hier oben auch umbringen?

DER BAUER Ja, wir können nix machen.

DIE BÄUERIN *zu Kattrin:* Bet, armes Tier, bet! Wir können nix machen gegen das Blutvergießen. Wenn du schon nicht reden kannst, kannst doch beten. E r hört dich, wenn dich keiner hört. Ich helf dir. *Alle knien nieder, Kattrin hinter den Bauersleuten.* Vater unser, der du bist im Himmel, hör unser Gebet, laß die Stadt nicht umkommen mit alle, wo drinnen sind und schlummern und ahnen nix. Erweck sie, daß sie aufstehn und gehn auf die Mauern und sehn, wie sie auf sie kommen mit Spießen und Kanonen in der Nacht über die Wiesen, herunter vom Hang. *Zu Kattrin zurück:* Beschirm unsre Mutter und mach, daß der Wächter nicht schläft, son- dern aufwacht, sonst ist es zu spät. Unserm Schwager steh auch bei, er ist drin mit seine vier Kinder, laß die nicht umkommen, sie sind unschuldig und wissen von nix. *Zu Kattrin, die stöhnt:* Eins ist unter zwei, das älteste sieben. *Kattrin steht verstört auf.* Vater unser, hör uns, denn nur du kannst helfen, wir möchten zugrund gehn, warum, wir sind schwach und haben keine Spieß und nix und können uns nix traun und sind in deiner Hand mit unserm Vieh und dem ganzen Hof, und so auch die Stadt, sie ist auch in deiner Hand, und der Feind ist vor den Mauern mit großer Macht.

Kattrin hat sich unbemerkt zum Wagen geschlichen, etwas herausgenommen, es unter ihre Schürze getan und ist die Leiter hoch aufs Dach des Stalles geklettert.

Gedenk der Kinder, wo bedroht sind, der allerkleinsten besonders, Greise, wo sich nicht rühren können, und aller Kreatur.

DER BAUER Und vergib uns unsre Schuld, wie auch wir vergeben unsern Schuldigern. Amen.

Kattrin beginnt, auf dem Dach sitzend, die Trommel zu schlagen, die sie unter ihrer Schürze hervorgezogen hat.

DIE BÄUERIN Jesus, was macht die?

DER BAUER Sie hat den Verstand verloren?

DIE BÄUERIN Hol sie runter, schnell!

Der Bauer läuft auf die Leiter zu, aber Kattrin zieht sie aufs Dach.

Sie bringt uns ins Unglück.

DER BAUER Hör auf der Stell auf mit Schlagen, du Krüppel!

DIE BÄUERIN Die Kaiserlichen auf uns ziehn!

DER BAUER *sucht Steine am Boden:* Ich bewerf dich!

DIE BÄUERIN Hast denn kein Mitleid? Hast gar kein Herz? Hin sind wir, wenn sie auf uns kommen! Abstechen tuns uns.

Kattrin starrt in die Weite, auf die Stadt, und trommelt weiter.

Die Bäuerin zum Alten: Ich hab dir gleich gesagt, laß das Gesindel nicht auf den Hof. Was kümmerts die, wenn sie uns das letzte Vieh wegtreiben.

DER FÄHNRICH *kommt mit seinen Soldaten und dem jungen Bauern gelaufen:* Euch zerhack ich!

DIE BÄUERIN Herr Offizier, wir sind unschuldig, wir können nix dafür. Sie hat sich raufgeschlichen. Eine Fremde.

DER FÄHNRICH Wo ist die Leiter?

DER BAUER Oben.

DER FÄHNRICH *hinauf:* Ich befehl dir, schmeiß die Trommel runter!

Kattrin trommelt weiter.

Ihr seids alle verschworen. Das hier überlebt ihr nicht.

DER BAUER Drüben im Holz haben sie Fichten geschlagen. Wenn wir einen Stamm holn und stochern sie herunter ...

ERSTER SOLDAT *zum Fähnrich:* Ich bitt um Erlaubnis, daß ich einen Vorschlag mach. *Er sagt dem Fähnrich etwas ins Ohr. Der nickt.* Hörst du, wir machen dir einen Vorschlag zum Guten. Komm herunter und geh mit uns in die Stadt, stracks voran. Zeig uns deine Mutter, und sie soll verschont werden.

Kattrin trommelt weiter.

DER FÄHNRICH *schiebt ihn roh weg:* Sie traut dir nicht, bei deiner Fresse kein Wunder. *Er ruft hinauf:* Wenn ich dir mein Wort gebe? Ich bin ein Offizier und hab ein Ehrenwort.

Kattrin trommelt stärker.

Der ist nix heilig.

DER JUNGE BAUER Herr Offizier, es is ihr nicht nur wegen ihrer Mutter!

ERSTER SOLDAT Lang dürfts nicht mehr fortgehn. Das müssen sie hörn in der Stadt.

DER FÄHNRICH Wir müssen einen Lärm mit irgendwas

machen, wo größer ist als ihr Trommeln. Mit was können wir einen Lärm machen?

ERSTER SOLDAT Wir dürfen doch keinen Lärm machen.

DER FÄHNRICH Einen unschuldigen, Dummkopf. Einen nicht kriegerischen.

DER BAUER Ich könnt mit der Axt Holz hacken.

DER FÄHNRICH Ja, hack. *Der Bauer holt die Axt und haut in den Stamm.* Hack mehr! Mehr! Du hackst um dein Leben!

Kattrin hat zugehört, dabei leiser geschlagen. Unruhig herumspähend, trommelt sie jetzt weiter.

Der Fähnrich zum Bauern: Zu schwach. *Zum ersten Soldaten:* Hack du auch.

DER BAUER Ich hab nur eine Axt. *Hört auf mit dem Hacken.*

DER FÄHNRICH Wir müssen den Hof anzünden. Ausräuchern müssen wir sie.

DER BAUER Das nützt nix, Herr Hauptmann. Wenn sie in der Stadt Feuer sehn, wissen sie alles.

Kattrin hat während des Trommelns wieder zugehört. Jetzt lacht sie.

DER FÄHNRICH Sie lacht uns aus, schau. Ich halts nicht aus. Ich schieß sie herunter, und wenn alles hin ist. Holt die Kugelbüchs!

Zwei Soldaten laufen weg. Kattrin trommelt weiter.

DIE BÄUERIN Ich habs, Herr Hauptmann. Da drüben steht ihr Wagen. Wenn wir den zusammenhaun, hört sie auf. Sie haben nix als den Wagen.

DER FÄHNRICH *zum jungen Bauer:* Hau ihn zusammen. *Hinauf:* Wir haun deinen Wagen zusammen, wenn du nicht mit Schlagen aufhörst.

Der junge Bauer führt einige schwache Schläge gegen den Planwagen.

DIE BÄUERIN Hör auf, du Vieh!

Kattrin stößt, verzweifelt nach ihrem Wagen starrend,
jämmerliche Laute aus. Sie trommelt aber weiter.

DER FÄHNRICH Wo bleiben die Dreckkerle mit der Kugelbüchs.

ERSTER SOLDAT Sie können in der Stadt drin noch nix
gehört haben, sonst möchten wir ihr Geschütz hörn.

DER FÄHNRICH *hinauf*: Sie hörn dich gar nicht. Und jetzt
schießen wir dich ab. Ein letztes Mal. Wirf die Trommel
herunter!

DER JUNGE BAUER *wirft plötzlich die Planke weg:* Schlag
weiter! Sonst sind alle hin! Schlag weiter, schlag weiter.
Der Soldat wirft ihn nieder und schlägt auf ihn mit dem
Spieß ein. Kattrin beginnt zu weinen, sie trommelt aber
weiter.

DIE BÄUERIN Schlagts ihn nicht in'n Rücken! Gottes willen,
ihr schlagt ihn tot!
Die Soldaten mit der Büchse kommen gelaufen.

ZWEITER SOLDAT Der Obrist hat Schaum vorm Mund,
Fähnrich. Wir kommen vors Kriegsgericht.

DER FÄHNRICH Stell auf! Stell auf! *Hinauf, während das*
Gewehr auf die Gabel gestellt wird: Zum allerletzten
Mal: Hör auf mit Schlagen!
Kattrin trommelt weinend so laut sie kann.

Gebt Feuer!
Die Soldaten feuern. Kattrin, getroffen, schlägt noch
einige Schläge und sinkt dann langsam zusammen.

Schluß ist mitm Lärm!
Aber die letzten Schläge Kattrins werden von den
Kanonen der Stadt abgelöst. Man hört von weitem ver-
wirrtes Sturmglockenläuten und Kanonendonner.

ERSTER SOLDAT Sie hats geschafft.

12

Nacht gegen Morgen. Man hört Trommeln und Pfeifen
marschierender Truppen, die sich entfernen.

Vor dem Planwagen hockt Mutter Courage bei ihrer
Tochter. Die Bauersleute daneben.

DER BAUER *feindlich:* Sie müssen fort, Frau. Nur mehr ein
 Regiment ist dahinter. Allein könnens nicht weg.
MUTTER COURAGE Vielleicht schlaft sie mir ein.
 Sie singt:

 Eia popeia
 Was raschelt im Stroh?
 Nachbars Bälg greinen
 Und meine sind froh.
 Nachbars gehn in Lumpen
 Und du gehst in Seid
 Ausn Rock von einem Engel
 Umgearbeit'.

 Nachbars han kein Brocken
 Und du kriegst eine Tort
 Ist sie dir zu trocken
 Dann sag nur ein Wort.
 Eia popeia
 Was raschelt im Stroh?
 Der eine liegt in Polen
 Der andre ist werweißwo.

 Sie hätten ihr nix von die Kinder von Ihrem Schwager
 sagen sollen.

DER BAUER Wenns nicht in die Stadt gegangen wärn, Ihren
Schnitt machen, wärs vielleicht nicht passiert.

MUTTER COURAGE Jetzt schlaft sie.

DIE BÄUERIN Sie schlaft nicht, Sie müssens einsehen, sie ist
hinüber.

DER BAUER Und Sie selber müssen los endlich. Da sind die
Wölf, und was schlimmer ist, die Marodöre.

MUTTER COURAGE Ja.

*Sie geht und holt eine Blache aus dem Wagen, um die
Tote zuzudecken.*

DIE BÄUERIN Habens denn niemand sonst? Wos hingehen
könnten?

MUTTER COURAGE Doch, einen. Den Eilif.

DER BAUER *während Mutter Courage die Tote zudeckt:*
Den müssens finden. Für die da sorgen wir, daß sie
ordentlich begraben wird. Da könnens ganz beruhigt
sein.

MUTTER COURAGE Da haben Sie Geld für die Auslagen.

*Sie zählt dem Bauer Geld in die Hand. Der Bauer und
sein Sohn geben ihr die Hand und tragen Kattrin weg.*

DIE BÄUERIN *gibt ihr ebenfalls mit einer Verbeugung die
Hand. Im Abgehen:* Eilen Sie sich!

MUTTER COURAGE *spannt sich vor den Wagen:* Hoffentlich
zieh ich den Wagen allein. Es wird schon gehn, es ist
nicht viel drinnen. Ich muß wieder in'n Handel kommen.

*Ein weiteres Regiment zieht mit Pfeifen und Trommeln
hinten vorbei.*

Mutter Courage zieht an: Nehmts mich mit! *Man hört
Singen von hinten.*

GESANG
Mit seinem Glück, seiner Gefahre
Der Krieg, er zieht sich etwas hin.

Der Krieg, er dauert hundert Jahre
Der g'meine Mann hat kein Gewinn.
Ein Dreck sein Fraß, sein Rock ein Plunder!
Sein halben Sold stiehlts Regiment.
Jedoch vielleicht geschehn noch Wunder:
Der Feldzug ist noch nicht zu End!
Das Frühjahr kommt! Wach auf, du Christ!
Der Schnee schmilzt weg! Die Toten ruhn!
Und was noch nicht gestorben ist
Das macht sich auf die Socken nun.

Materialien zu Brechts ›Mutter Courage und ihre Kinder‹
edition suhrkamp 50

Die Kenntnis der Entstehung und der Wirkungsgeschichte eines literarischen Werkes kann helfen, das Werk selbst und seine Intention zu verstehen. Dieser Band möchte zum Verständnis eines literarischen Werkes, Brechts *Mutter Courage und ihre Kinder*, beitragen; er vereinigt Äußerungen des Autors, darunter die wichtigen Texte *Couragemodell 1949* und *Bemerkungen zu einzelnen Szenen*, Auskünfte von Mitarbeitern, kritische Analysen und Bibliographien. Brecht hat das Stück wiederholt verändert, es immer wieder geprüft und an den Forderungen der Theaterpraxis gemessen. Der Materialienband versucht, den Prozeß dieser Veränderung und einige seiner Folgen wiederzugeben.

Aus dem Inhalt:

Brecht über ›Mutter Courage und ihre Kinder‹ (Das Modellbuch zur Aufführung 1949, Anmerkungen zur ›Courage‹)
Die Benutzung von Modellen (mit Beiträgen von Bertolt Brecht, Ruth Berlau u. a.)
Die Arbeit an der Aufführung (mit Beiträgen von Paul Dessau und Angelika Hurwicz)
Über die Aufführung von ›Mutter Courage und ihre Kinder‹ (mit Beiträgen von Paul Wiegler, Käthe Rülicke u. a.)
Aufsätze über ›Mutter Courage und ihre Kinder‹ (mit Beiträgen von F. N. Mennemeier, Hans Mayer u. a.)
Anhang (Sekundärliteratur, Aufführungs- und Besetzungslisten, Theaterrezensionen)

Materialien zu Brechts ›Leben des Galilei‹
edition suhrkamp 44

Die Rezeption eines literarischen Werkes ist ein Bestandteil seiner Geschichte, seines Fortlebens in der Zeit. Der Band mit Materialien zu Brechts Stück *Leben des Galilei* ist unter diesem Gesichtspunkt zusammengestellt worden; er sammelt Kommentare, Analysen und Selbstauskünfte des Autors. Neben Äußerungen Brechts darunter *Aufbau einer Rolle* und *Anmerkungen zu ›Leben des Galilei‹*, stehen Arbeiten von Kritikern und Wissenschaftlern, die das Theaterstück untersucht und seine Struktur und Dramaturgie beschrieben haben.

Materialien zu Brechts ›Der kaukasische Kreidekreis‹
edition suhrkamp 155

Der kaukasische Kreidekreis wurde 1944/45 in Santa Monica (USA) geschrieben, 1948 in Amerika uraufgeführt und am 7. Oktober 1954 im Berliner Ensemble am Schiffbauerdamm zum ersten Mal in deutscher Sprache gegeben.
Der Band *Materialien zu Brechts ›Der kaukasische Kreidekreis‹* enthält Kommentare, Analysen und Selbstauskünfte des Autors. Frühe Fassungen einzelner Szenen werden erstmals veröffentlicht; Tonbandaufzeichnungen und Notate der Proben vermitteln einen Eindruck von Brechts Arbeitsweise. Der Komponist Paul Dessau und der Bühnenbildner Karl von Appen berichten über ihre Mitarbeit an der Inszenierung.

Die Antigone des Sophokles
Materialien zur ›Antigone‹
edition suhrkamp 134

Brechts Stück *Die Antigone des Sophokles nach der Hölderlinschen Übersetzung für die Bühne bearbeitet* zählt zu den bedeutenden und fortwirkenden Beispielen einer Neuinterpretation und Bearbeitung dichterischer Werke früherer Epochen. Die Vorlage, neu gesehen, erscheint selber in neuem Licht. Nach den Vorstellungen der Antike war der Mensch mehr oder minder machtlos dem Schicksal ausgeliefert. Brecht bricht in seiner Nachdichtung mit dieser Vorstellung: Das Schicksal des Menschen ist der Mensch.
Unser Band enthält den Text des Stückes, Materialien zum Stück, das Antigone-Modell von 1948 sowie Anmerkungen zum Stück und zur Bearbeitung.

Gesamtausgabe der Werke Bertolt Brechts im Suhrkamp Verlag

Schriften zur Literatur und Kunst

Außerhalb der Gesamtausgabe erschienen im Suhrkamp Verlag

Versuche

Arbeitsjournal 1938-1955. 3 Bände

Tagebücher 1920-1922. Autobiographische Aufzeichnungen 1920-1954

Bibliothek Suhrkamp

Bertolt Brechts Hauspostille · Bertolt Brechts Gedichte und Lieder · Schriften zum Theater · Flüchtlingsgespräche · Geschichten · Turandot · Schriften zur Politik · Die Bibel · Über Klassiker

edition suhrkamp

Leben des Galilei · Gedichte und Lieder aus Stücken · Aufstieg und Fall der Stadt Mahagonny · Der kaukasische Kreidekreis · Materialien zu Brechts ›Leben des Galilei‹ · Mutter Courage und ihre Kinder · Materialien zu Brechts ›Mutter Courage und ihre Kinder‹ · Der gute Mensch von Sezuan · Über Lyrik · Ausgewählte Gedichte · Herr Puntila und sein Knecht Matti · Die heilige Johanna der Schlachthöfe · Schweyk im zweiten Weltkrieg · Die Antigone des Sophokles/Materialien zur ›Antigone‹ · Der aufhaltsame Aufstieg des Arturo Ui · Materialien zu Brechts ›Der kaukasische Kreidekreis‹ · Die Tage der Commune · Baal. Drei Fassungen · Leben Eduards des Zweiten von England. Vorlage, Texte und Materialien · Im Dickicht der Städte. Fassungen und Materialien · Materialien zu ›Der gute Mensch von Sezuan‹ · Baal. Der böse Baal der asoziale. Texte, Varianten, Materialien · Die Dreigroschenoper · Mann ist Mann · Materialien zu Bertolt Brechts ›Die Mutter‹ · Der Brotladen. Ein Stückfragment. Die Bühnenfassung und Texte aus dem Fragment · Kuhle Wampe. Protokoll des Films und Materialien · Die Gesichte der Simone Machard · Furcht und Elend des Dritten Reiches · Über Realismus · Über den Beruf des Schauspielers · Die Maßnahme · Drei Lehrstücke · Gesammelte Gedichte in 4 Bänden

Bertolt Brechts Dreigroschenoper mit Schallplatte ›Bertolt Brecht singt‹ Theaterarbeit. Sechs Aufführungen des Berliner Ensembles
Die sieben Todsünden der Kleinbürger

Bertolt Brecht Gesammelte Werke

Werkausgabe in 20 Bänden

Herausgegeben vom Suhrkamp Verlag in Zusammenarbeit mit Elisabeth Hauptmann. Neu durchgesehene und neu geordnete Ausgabe. Leinenkaschiert. Kassette.

Aufbau der Bände:
Bände 1-7 Stücke, Bearbeitungen, Einakter, Fragmente. 8-10 Gedichte. 11-14 Geschichten, Romane, *Me-ti, Tui, Flüchtlingsgespräche.* 15-17 Schriften 1 (zum Theater). 18-20 Schriften 2 (zur Literatur, Kunst, Politik und Gesellschaft). Texte für Filme (2 Bände).

Dünndruckausgabe in 8 Bänden

Herausgegeben vom Suhrkamp Verlag in Zusammenarbeit mit Elisabeth Hauptmann. Neu durchgesehene und neu geordnete Ausgabe. Leinen und Leder. Kassette.

Aufbau der Bände:
Bände 1-3 Stücke, Bearbeitungen, Einakter, Fragmente. 4 Gedichte. 5-6 Geschichten, Romane, *Me-ti, Tui, Flüchtlingsgespräche.* 7-8 Schriften (zum Theater, zur Literatur, Kunst, Politik und Gesellschaft). Texte für Filme (2 Bände).

Beide Ausgaben präsentieren das Gesamtwerk Brechts neu und handlich. Alle Texte
wurden neu durchgesehen; die Anmerkungen enthalten werkgeschichtliche Fakten
und die Änderungen gegenüber früheren Ausgaben. Zum ersten Mal werden
veröffentlicht: der *Tui*-Roman, *Turandot oder Der Kongreß der Weißwäscher,* acht
Fragmente, etwa 250 Seiten Schriften zur Politik und Gesellschaft. Die Texte beider
Ausgaben sind identisch. Die Bände weichen voneinander ab in der Einteilung
sowie im Format, in der Ausstattung und im Preis.

edition suhrkamp

Alphabetisches Verzeichnis der edition suhrkamp